New Concept
CHINESE

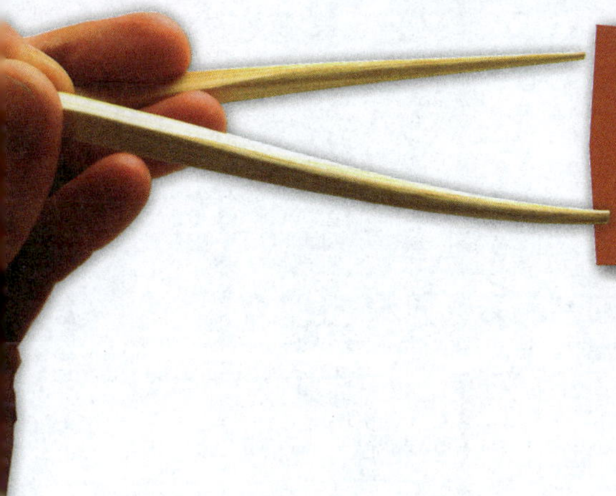

总 监 制：马箭飞

监　　制：静　炜　　戚德祥　　张　健

　　　　　夏建辉　　张彤辉

顾　　问：[法] 白乐桑　　邓守信　　[日] 古川裕

　　　　　[美] 姚道中　　[英] 袁博平

审　　定：刘　珣　　王俊毅

主　　编：崔永华

副 主 编：张　健　　彭志平

编　　者：于　淼

英文翻译：孙玉婷

英文审定：王素云

项目负责：唐琪佳

项目秘书：张维嘉

孔子学院总部/国家汉办
Confucius Institute Headquarters(Hanban)
“十二五”国家重点出版物出版规划项目

New Concept Chinese 5

新概念汉语

English Edition 英语版

Textbook 课本

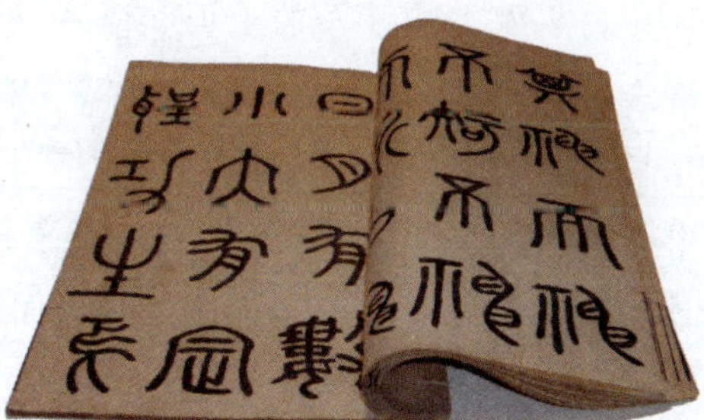

北京语言大学出版社
BEIJING LANGUAGE AND CULTURE UNIVERSITY PRESS

使用说明

《新概念汉语》是一套供成年人使用的汉语教材，可以用来自学，也可以在课堂教学中使用。

本教材基于汉语和汉语作为第二语言教学的实践和研究成果，学习、吸收国内外外语教学的有效方法和21世纪的教学理念和教学实践，选择实用、简要、有趣的教学内容，设计简便、有效的学习和教授方法，努力为不同类型的汉语学习者和教师提供方便。

《新概念汉语》第五、六册内容主要取材于反映中国当代人生活的电视节目——《中国梦想秀》。我们精选了其中可以帮助外国人了解、理解普通中国人生活及有助于提高外国人汉语交际能力的内容。

本书是《新概念汉语》第五册。为方便读者，特做如下说明。

一、教学对象、目标、内容和教学安排

教学对象：学过《新概念汉语》(第一、二、三、四册）或具有相应汉语水平（学过汉语基本语法，掌握2000左右汉语词汇，或具备HSK 4级以上水平）的学习者。

教学目标：通过40～80小时的学习，可以初步阅读汉语报刊，欣赏汉语影视节目，用汉语进行较为完整的演讲。

教学内容：本册教材共20课（5个单元），每课1个话题，分为课文和练习两个部分。

（1）课文。每课第一部分是主课文。各单元前3课的课文部分均是对一期《中国梦想秀》节目内容的简短介绍，以及其中涉及的生词和语法点，教学目的是帮助学习者了解一期节目的内容，学习相关的词汇和语法、句式；各单元最后1课的课文部分是一段自编短文，反映普通中国人的生活。

（2）练习。每课第二部分是相应的练习。各单元前3课的练习部分是视听说练习，内容是一段截自该期《中国梦想秀》节目的视频，用以形象地展现本期节目的内容，通过练习培养学生的汉语听说能力；各单元最后1课的练习部分是读写练习，阅读材料是与课文内容相关的一段文字，通过阅读练习和相关话题的写作训练，培养学生的汉语读写能力。

本册教材将教授约400个汉语交际常用词、40个语法项目，以及外国人使用汉语学习、生活、工作时最常见的话题。

教学安排：本册教材每课设计的教学时间为课堂教授2小时，课外学习1～2小时。教师可根据学习者、教学环境和教学的实际情况，适当调整。

二、教学建议

下面对各课的教学建议分两部分做简要说明，供教师参考。

（一）对第一部分的教学建议

各课第一部分可以分成：热身、快速阅读课文、学习生词、学习课文、学习语法五个教学环节，各

教学环节由若干教学步骤组成。

1. 热身

可以让学生先认读课文题目，联想本课可能说什么；或者让学生先看插图，描述插图的内容；或看插图结合题目，猜想课文内容。这时，教师可以提几个问题加以引导。

2. 快速阅读课文

快速阅读课文的目的是：（1）让学生了解课文的大意以及即将学习的内容、生词、语法等出现的语境，便于后面教学的开展；（2）培养快速阅读能力，这是中级阶段应当具备的汉语书面语能力。这个环节可以分以下步骤进行：

（1）领读生词。

打开生词表，教师快速领读生词。让学生大致了解生词的意思，以便初步理解课文。

领读生词的好处是节省时间。

（2）理解读前问题。

领读生词后，教师让学生认读、理解课文前的问题。如果问题中有生词或题目难于理解，可以稍花点儿工夫，保证学生正确地理解问题。

带着问题读课文，可以引起学生对课文的注意。

（3）宣布阅读时间。

一般 2 ～ 3 分钟。不宜过长。

（4）回答读前问题。

快速阅读后回答课文前的问题，可以提高学生的自信心。

3. 学习生词

学习生词，建议按以下过程进行：

（1）听生词录音或听教师朗读生词。

（2）跟读（跟录音或教师朗读）。

（3）理解生词，教师通过提问、领读搭配，启发学生理解词义，辅以必要的讲解。

（4）可以先按顺序集体朗读生词，然后教师指定学生打乱生词顺序朗读，注意观察学生的掌握情况。

4. 学习课文

学习课文，建议按以下过程进行：

（1）认读、理解问题。

让学生集体或单独朗读课文后的问题，这样做的好处是：①可以使他们真正理解问题，便于后面活动的进行；②让学生学习、学会提问，因为学生学习疑问句的机会不多；③这也是提供重复认读汉字、阅读句子的机会。这是培养、提高阅读能力的基础。

（2）默读课文。

在学习生词、理解问题之后，再让学生默读课文，读后回答问题。如果回答结果不理想可以再默读一遍。这也是提高阅读能力的训练。

（3）朗读课文。

建议先领读，再齐读，再分组读或单读。这样做的好处是：①让学生先接触正确的发音；②借助“脚手架”逐步熟练，可以提高单读的信心和正确率；③当然，减少了错误，不用纠正，也节省了时间，给学生更多练习的机会。

领读时可以突出和讲解学生的问题和重点、难点。多读几遍难句、长句和有用的句子。

领读和齐读时要特别注意纠正发音错误，这样单读时发音错误就会相对少些。

（4）如有时间，可以再回答一遍问题，让学生得到精准的答案。

（5）简释注释。

本教材的语法点以注释的形式出现，目的是突出话题内容。在领读和朗读过程中，可以重点强调例句，保证学生理解了所注释的句子。

（6）复述课文。

在上面速读、朗读、回答问题之后，学生已经熟悉了课文的内容和语言。这时教师板书或用幻灯片给出提示词语，搭建“脚手架”，让学生复述课文，再逐步减少提示词语进行复述，帮助学生记住课文的主要内容、词语、句式。

5. 学习语法

本教材的“语法”即课文的注释内容，建议在学习课文后进行。一般每课有两个语法点，包括句型或者虚词、特殊词语等。主要采取例释的方式帮助学生理解。教学建议如下：

（1）学习生词。

方法同“3. 学习生词”。

（2）朗读例句。

可以采用先让学生认读、再齐读的方式，目的是借此机会练习汉字认读能力。

朗读例句，是通过使用环境（语法点出现的位置）让学生了解句式的结构或词语的用法。当然，不同的语法点各有特点，需要教师给予指点。

（3）练习语法点。

语法练习的形式不同，基本建议如下：

①坚持让学生朗读练习指示语（如“根据提示词，用……完成句子，然后朗读”），不错过让学生认读汉字的机会。②让学生朗读题干，新教师要特别注意，一定不要替学生朗读问题、题干。该学生做的事，教师不要越俎代庖。③一般先让学生结伴做题，两人取得一致意见后，告知全班。这是意义协商的一种最简易的实施方式。④最后，要让全班一起大声说出标准答案，让学生确有收获，切忌马马虎虎过去。⑤可以留课后作业，让学生书写答案。

（二）对第二部分的教学建议

视听说练习的基本思路是让学生看一段视频，然后针对视频做一些练习；读写练习的基本思路是阅读一段文字，然后针对这段文字做一些练习。

视听说练习的具体教学步骤建议如下：

1. 初看视频

（1）看前教师可以根据视频内容提一两个简单的问题，如“有几个人”“在哪儿”“说出几个学过的词”，等等。目的是让学生看进去，不走过场，避免观看视频时“不知所措”。

（2）看后让学生回答问题，错了也没关系，答案不一样也好。

（3）如果有时间，让学生谈谈视频内容。

2. 学习生词

方法同第一部分“3. 学习生词”。

花点儿时间，通过截屏给出词语提示，效果会更好。

3. 依次做视听练习

一般步骤是：

（1）认读、理解练习的内容。

（2）细看视频，做练习。

（3）练习过程可以参考第一部分“5（3）练习语法点。”的做法。

4. 回答问题

（1）认读、理解问题。

（2）学生同伴协商或分小组讨论。

（3）汇报答案。

（4）学生或教师给出标准答案。

5. 口语表达练习

这项练习的目的，是给学生机会运用本课学过的词语、句型、话题、表达框架和以往的相关知识、技能，并发挥创造能力、聪明才智，逐步培养、提高表达能力，同时也是对教学效果的检验。根据教学时间，可以在课上进行，也可以在课下准备，下一次汇报。基本建议如下：

（1）让学生朗读、理解练习题目。

（2）给学生提供范例。

可以采取以下步骤：①指定一个水平好一点儿的学生；②教师提几个问题，作为纲要，让该生回答；③教师引导该生把对问题的回答连成一段话，作为范例。

（3）不要要求统一格式。

（4）可以通过小组活动的方式进行。小组活动要特别注意以下几点：①提供词语、句式，并做朗读练习；②说明汇报方式，如朗读、讲演、表演等；③规定并遵守活动时间。

（5）有的练习，可以要求学生提供书面成果并张贴出来。

读写练习的具体教学步骤建议如下：

1. 阅读练习

这部分主要锻炼学生的快速阅读能力，文章中可能影响阅读的生词，都进行了随文注释。阅读后的练习由两个部分组成：第一题是客观题，包括选择题、判断题，目的在于考察学生对文章细节的把握；第二题是回答问题，考察学生对文章大意的理解。可以参考视听说练习的具体教学步骤进行。

2. 写作练习

写作练习可按照如下步骤进行：

（1）让学生朗读写作题目和所给的提示问题。

（2）让学生口头回答问题。

（3）以一个学生的答案为例，引导学生把答案连贯地说下来。

（4）如果有时间，再给一个例子。

（5）提出写作的具体要求：写提纲、字数、时间、成果形式（手写或打印）。

（6）提倡学生先互相修改，过程如下：学生写作——同伴修改——学生修改——提交。

（7）教师提供反馈。

（8）鼓励把学生的最后成果张贴出来。

（三）本课小结

各课小结的目的是：（1）帮助学生梳理本课的学习内容和重点；（2）通过重复本课的学习重点，延伸记忆。以下做法可以供教师选择：

（1）让学生“七嘴八舌”说出本课学过的生词。

（2）让学生用学过的语法点说出几个学过的例句，或让学生造出有意思的句子。

（3）教师提几个关于课文、视频、文章的问题，让学生回答。

最后特别声明，以上建议只是想说明本教材的一些编写思路，给新教师或者初用本教材的教师提供一个参考，所建议的教学方法，未必适用于所有的教学实际。

A Guide to the Use of This Book

New Concept Chinese is a series of Chinese learning materials for adults, which can be used for both self-teaching and classroom teaching.

This series is written based on the practices and researches of Chinese language and teaching Chinese as a second language, integrating the effective methods used in foreign language teaching both in China and abroad as well as the pedagogical ideas and practices of the 21st century. Practical, concise and interesting teaching materials are selected, and simple and effective learning and teaching methods are designed.

Books 5 and 6 are based on *Dream of China*, a TV show related to modern Chinese people's life. The materials selected are those that can help foreigners learn about and understand Chinese people's life and improve their Chinese communicative competence.

This is Book 5 in the series. For the convenience of users, the following points need to be made clear:

1. Intended learners, teaching objectives, contents and arrangement of teaching

Intended learners: Adults who have learned *New Concept Chinese* (1-4) or have achieved the corresponding Chinese proficiency (mastery of basic Chinese grammar and about 2,000 Chinese words, or having reached the level of HSK 4 or above).

Teaching objectives: After 40-80 hours' learning, students can acquire a preliminary ability to read Chinese newspapers and magazines, enjoy Chinese movies and TV shows, and make relatively complete speeches.

Contents: This book is composed of 20 lessons (in five units), each focusing on one topic and consisting of two parts—the text and the exercises.

(1) Text. The text of the first three lessons in each unit gives a brief introduction to an episode of *Dream of China* along with the new words and grammar points involved. The purpose is to help students understand the content of the episode and learn the relevant vocabulary, grammar points and sentence patterns. The text of the last lesson in each unit is a short essay about common Chinese people's life, written by the editorial group.

(2) Exercises. The exercises of the first three lessons in each unit are mostly audiovisual and speaking exercises, which vividly present the content of the episode of *Dream of China* by providing an excerpt from the episode and aim to cultivate students' Chinese listening and speaking skills. The exercises of the last lesson in each unit are reading and writing exercises, which include a piece of writing related to the topic of the episode and aim to cultivate students' reading and writing skills through reading practice and training in writing about the relevant topic.

This book teaches approximately 400 words and 40 grammar items frequently used in communication, and covers topics that foreigners are most likely to encounter in their Chinese study, life and work.

Arrangement of teaching: The scheduled time for each lesson in this book is two hours in class and 1-2 hours after class. The teacher can make proper adjustments based on the students, the teaching environment, and other actual conditions.

2. Teaching advice

a. Advice on the teaching of the text

This part of the lesson consists of warm-up, fast reading, vocabulary learning, text learning, and grammar learning, each composed of several teaching steps.

1) Warm-up

The teacher can ask the students to read the title of the lesson first and think about what the current lesson may talk about. The students can also look at the picture and describe it or guess the content of the lesson based on the title. The teacher can raise some questions to guide the students.

2) Fast reading

This process aims to: help students understand the main idea of the text as well as the context of the content, new words, and grammar points that they are about to learn; and cultivate students' fast reading ability, a written competence that intermediate-level learners should have. This process can be done in the following procedures:

a) Read the new words after the teacher
The teacher can lead the students to read the list of new words quickly to help the students roughly learn the meanings of the new words and get a preliminary understanding of the text in a time-efficient way.

b) Understand the pre-reading questions
After reading the new words, the teacher can ask the students to read the pre-reading questions. Put more effort on the difficult words or contents in the questions to make sure the students understand the questions correctly. It will focus the students' attention on the text if they read the text with questions in mind.

c) Set a reading time
Normally it is 2-3 minutes and shouldn't be too long.

d) Answer the pre-reading questions
Answering the pre-reading questions after a quick reading of the text will give students more confidence.

3) Learn the new words

This can be done in the following procedures:

a) Listen to the recording or the teacher.
b) Read after the recording or the teacher.
c) Understand the new words. The teacher may inspire the students to understand the meanings of the new words by asking questions and leading them to read the collocations and, if necessary, giving brief explanations.
d) First, all the students read the new words aloud together in order. Then, the teacher calls on some students to read the words in random to observe how well the students have mastered them.

4) Learn the text

This can be done in the following procedures:

a) Read and understand the questions
Ask the students to read the post-reading questions together or by themselves. This can help them truly understand the questions before proceeding to the following activities, enable them to learn to ask questions since they don't have many opportunities to learn interrogative sentences, and also give them a second chance to recognize the Chinese characters and read the sentences, which is the basis for cultivating and improving their reading ability.

b) Read the text silently
After learning the new words and understanding the questions, ask the students to read the text silently and then answer the questions. If the answers they give are unsatisfactory, ask them to read it again. This is also a practice to train their reading ability.

c) Read the text aloud
It is suggested that the students read it after the teacher first, then together, and finally in groups or by themselves. This can expose the students to the correct pronunciation first, then gradually increase their confidence and accuracy in reading alone, and reduce their mistakes, thus saving time for them to practice more.
When leading the students to read, the teacher may focus on explaining the students' questions and the important and difficult points. It is also suggested that they repeat the difficult, long and useful sentences several times.
When the students read after the teacher or read together, it is important for the teacher to correct their pronunciation so that they will make fewer mistakes when reading alone.

d) If time permits, answer the questions again so that the students can get the accurate answers.

e) Notes

The grammar points in this book appear in the form of notes to highlight the contents of the topic. When the students read after the teacher or read alone, the teacher may put more emphasis on the example sentences to make sure that the students understand the annotated sentences.

f) Retell the text

After fast reading, reading aloud, and answering questions, the students are now familiar with the content and language of the text. At this point, the teacher may give cue words on the blackboard or via slides to build a "scaffold" to help students retell the text, and then gradually reduce the cue words to help them remember the main content, words and sentence patterns in the text.

5) Learn the grammar

It is suggested that the grammar points, in the form of notes on the words, phrases, or sentences from the text, be taught after text learning. Generally, each lesson has two grammar points about sentence patterns, empty words, or special words, etc., to help students understand them mainly through explanations and examples. The teaching advice is as follows:

a) Learn the new words

Do this in the same way as illustrated in item 3) above.

b) Read the example sentences aloud

The teacher may ask the students to read the sentences first to recognize the characters and then read together, giving them an opportunity to practice recognizing Chinese characters.

By reading the example sentences aloud, the students can learn about the sentence structures or word usages in the context where the grammar points appear. But of course, different grammar points have different features, and teacher's explanations are necessary.

c) Practice grammar points

Grammar exercises come in different forms. The basic advice is as follows:

1 Let the students read aloud the instructions of the exercises so that they don't miss any chance to recognize Chinese characters.

2 Ask the students to read the exercises aloud. Don't read the questions or exercises for them—novice teachers should especially bear this in mind: let the students do what they should do; don't do it for them.

3 Normally, let the students work in pairs to do the exercises and then ask them to tell their answers to the whole class when they have reached an agreement on their answers. This is the easiest method for the negotiation of meaning.

4 Finally, ask the whole class to say the standard answers out loud. Make sure that the students do have learned the grammar points and that nothing is skipped without their full understanding.

5 The teacher may assign written homework to the students.

b. Advice on the teaching of the exercises

The audiovisual and speaking exercises basically require the students to watch a video excerpt first and then do some exercises about the video; the reading and writing exercises basically require the students to read a passage first and then do some exercises about the passage.

Suggestions for the audiovisual and speaking exercises are as follows:

1) Watch the video for the first time

a) The teacher can raise one or two simple pre-watching questions based on the content of the video, for example "How many people?" "Where?" "Which words have you learned?" etc. so as to help the students concentrate instead of being at a loss as to what to do when watching the video.

b) Ask the students to answer the questions after watching the video. It's OK if they answer them wrong or differently.

c) If time permits, ask the students to talk about what the video is about.

2) Learn the new words

Do this in the same way as illustrated in item 3) in the first part.

It would be better if the teacher can spend some time giving cue words in screenshots.

3) Do the audiovisual exercises one by one

The normal steps are:

a) Read and understand the content of the exercise.

b) Watch the video carefully and do the exercises.

c) For the details of this step, refer to "c) practice grammar points" in item 5) above.

4) Answer the questions

a) Read and understand the questions.

b) Discuss in pairs or in groups.

c) Report the answers.

d) Either the students or the teacher give the standard answers.

5) Oral expression exercises

The aim of this part of the exercises is to give the students opportunities to use the words, sentence patterns, topics and constructions they've learned in the current lesson as well as their previous knowledge and skills, give play to their creativity and intelligence, and gradually cultivate and improve their oral expression ability. This part of the exercises is also an evaluation of the teaching effect. Depending on the teaching schedule, these exercises can be done either in class or be prepared after class for a presentation in the next session.

The basic advice is as follows:

a) Remember to let the students read aloud and understand the exercises.

b) Give the students examples. Possible procedures to be followed: choose a student with relatively good Chinese proficiency; ask the student several synoptic questions; guide the student to arrange his/her answers into a whole paragraph, which will be used as an example.

c) Do not require a unified format.

d) It can be done in the form of group work. There are several things the teacher should do: provide words and sentence patterns and read them aloud; explain the form of presentation, such as reading aloud, a speech, or acting; set a time and ask the students to observe it.

e) For some exercises, the teacher can ask the students to provide a written presentation and post it up.

The advice for the reading and writing exercises is as follows:

1) Reading exercises

This part of the exercises mainly trains the students' fast reading ability. All the new words that may impede comprehension are followed by explanations in brackets. The post-reading exercises are composed of an objective exercise and a Q & A exercise, the former being a multiple-choice or true or false question aiming to test students' grasp of the details and the latter aiming to test students' understanding of the main idea. Refer to the advice on the audiovisual and speaking exercises above for detailed teaching steps.

2) Writing exercise

It can be done in the following steps:

a) Ask the students to read aloud the title and given questions.

b) Ask the students to answer the questions orally.

c) Take one student's answers as the example, and guide the student to link the answers into a coherent paragraph.

d) If time permits, give another example.

e) Give specific requirements: writing an outline, length, time, and form of work (handwritten or typed).

f) Encourage the students to check one another's work.The procedures can be: writing – peer correction – self-correction – submission.

g) The teacher gives feedback.

h) Encourage the students to post up their final work.

c. Summary of the lesson

The summary of each lesson aims to help students review the contents and focuses of the lesson and extend their memory of the lesson by repeating the important points. Teachers can draw inspiration from the following practices:

1) Let the students race to say the new words of the lesson.

2) Ask the students to say some example sentences or exercises using the grammar points they've learned or to make some interesting sentences.

3) The teacher raises some questions about the text, video and reading material for the students to answer.

It is noted that the above advice is just an explanation of the authors' idea and a reference for novice teachers or teachers who've just begun to use this series. The suggested methods may not suit all circumstances of teaching.

目录

Contents

Lesson 1

饺子大妈

Aunt dumpling

Text 课 文 **借助生词表，快速浏览课文后回答问题：** 赵大妈的绝活儿是什么？ 01-1

美味可口的饺子刚端上餐桌，就被客人们吃光了。看着客人吃得津津有味，店主赵（Zhào）大妈感到非常开心。

赵大妈是第一个在新西兰开饺子馆儿的人，她把地道的中国饺子搬上了新西兰人的餐桌。新西兰总理曾经三次到她的饺子馆儿作客，对赵大妈的饺子赞不绝口。当地人不满足于吃饺子，还纷纷来到饺子馆儿跟赵大妈学包饺子。

赵大妈包饺子有一手绝活儿，就是一次能擀出来十二个饺子皮！为了让自己的绝活儿后继有人，赵大妈回到家乡，准备招几个徒弟带到新西兰，亲自教他们包饺子、卖饺子，让更多人享受到中国的美食。

Answer the questions

回答问题

1. 介绍一下赵大妈。
（第一个、地道）
2. 客人们喜欢赵大妈的饺子吗？
（美味可口、吃光、津津有味、赞不绝口、纷纷）
3. 赵大妈回家乡做什么？
（绝活儿、后继有人、招徒弟、亲自、享受）

New words 生词

01-2

1. 美味可口	měiwèi-kěkǒu		delicious, tasty
2. 津津有味	jīnjīn-yǒuwèi		with great enjoyment
3. 大妈	dàmā	n.	aunt, form of address for elderly women
4. 地道	dìdao	adj.	authentic
5. 总理	zǒnglǐ	n.	premier, prime minister
6. 曾经	céngjīng	adv.	once, in the past
7. 赞不绝口	zànbùjuékǒu		to be full of praise
8. 当地	dāngdì	n.	local place
9. 满足	mǎnzú	v.	to be satisfied
10. 于	yú	prep.	for, to
11. 包	bāo	v.	to wrap, to make (dumplings)
12. 手	shǒu	m.	*sed of skill or proficiency*
13. 绝活儿	juéhuór	n.	special skill
14. 擀	gǎn	v.	to roll (dough, etc. with a rolling pin)
15. 皮	pí	n.	wrapper
16. 后继有人	hòujì-yǒurén		to have qualified successors
17. 招	zhāo	v.	to recruit
18. 徒弟	túdì	n.	apprentice
19. 亲自	qīnzì	adv.	in person, personally
20. 享受	xiǎngshòu	v.	to enjoy

Proper nouns 专有名词

新西兰 Xīnxīlán New Zealand

Notes 注释

1. 新西兰总理曾经三次到赵大妈的饺子馆儿作客。

   "曾经"，副词，表示以前有过某种情况，后面常用动态助词"过"，多用于书面语。

2. 新西兰总理对赵大妈的饺子赞不绝口。

   "对……赞不绝口"，不停地说赞美的话，形容对人或事物十分赞赏。

Text retelling 复述课文

美味可口的饺子……，就被……。看着客人……，店主赵大妈……。

赵大妈是……，她把……搬上了……。新西兰总理……，对……。当地人……，还纷纷来到饺子馆儿……。

赵大妈包饺子……，就是……！为了……，赵大妈回到家乡，准备……，亲自教他们……、……，让更多人……。

Grammar 学习语法

Supplementary new words (1) 扩展生词（一） 01-3

1. 报社	bàoshè	n.	newspaper office
2. 编辑	biānji	n.	editor
3. 传播	chuánbō	v.	to spread, to disseminate
4. 繁荣	fánróng	adj.	prosperous, thriving
5. 象征	xiàngzhēng	n.	to symbolize, to represent
6. 治疗	zhìliáo	v.	to treat, to cure
7. 效果	xiàoguǒ	n.	effect
8. 游客	yóukè	n.	tourist
9. 球迷	qiúmí	n.	ball game fan
10. 表现	biǎoxiàn	v.	to perform
11. 技术	jìshù	n.	technique

（一）曾经 01-4

1. 朗读下列句子，画出“曾经”后面的词语。

（1）新西兰总理曾经三次到赵大妈的饺子馆儿作客。
（2）这首歌曾经非常流行。
（3）那位作家曾经是报社的编辑。
（4）孔子曾经带领学生去过很多地方，传播他的思想。
（5）拥挤的街道曾经是城市繁荣的象征。

2. 根据提示词，用“曾经”完成句子，然后朗读。

（1）上大学以前，我________________________。（去）
（2）他________________________，去过很多地方。（当）
（3）小时候，________________________。（学）
（4）王老师________________________，很了解那座城市。（住）
（5）修建母亲水窖以前，这里的人________________________。（取得）

（二）对……赞不绝口 01-5

1. 朗读下列句子，画出“对……赞不绝口”中间的词语。

（1）新西兰总理对赵大妈的饺子赞不绝口。
（2）很多外国人都对中医治疗的效果赞不绝口。
（3）游客们都对这里的风景赞不绝口。
（4）球迷们对今晚意大利队的表现赞不绝口。
（5）很多司机都对小王的修车技术赞不绝口。

2. 用“对……赞不绝口”组句，然后朗读。

（1）做的　这个菜　大家　我
（2）观众　这部　出色的　电影　都
（3）销售能力　小丽的　经理
（4）表演　孩子们的　父母
（5）热情的　这里　顾客们　服务

2 Audiovisal and speaking exercises 视听说练习 01

Supplementary new words (2) 扩展生词（二） 01-6

1. 批	pī	m.	group, lot
2. 连锁店	liánsuǒdiàn	n.	chain store
3. 名人	míngrén	n.	celebrity
4. 炒	chǎo	v.	to fire (sb.)
5. 房东	fángdōng	n.	landlord/lady
6. 费用	fèiyong	n.	cost, expense

一、判断正误。

1. 赵大妈是去新西兰的第一批华人。(　　)
2. 现在赵大妈已经开了四家饺子连锁店。(　　)
3. 来赵大妈饺子馆儿吃饭的都是名人。(　　)
4. 赵大妈刚到新西兰的时候，带了两千元人民币。(　　)

二、选择正确答案。

1. 赵大妈准备招几个徒弟带到新西兰？（　　）

   A. 一男三女　　B. 两男两女

   C. 三男一女　　D. 四男四女

2. 没有钱的时候，赵大妈为什么不告诉家人？（　　）

   A. 怕房东不高兴　　B. 担心自己被炒

   C. 担心家人着急　　D. 家里人也没钱

3. 赵大妈因为生意太忙，多长时间没有回国？（　　）

   A. 两年半　　B. 五年半

   C. 七年半　　D. 十八年半

4. 谁负担这些徒弟去新西兰的费用？（　　）

   A. 赵大妈　　B. 他们自己

   C. 中国政府　　D.《中国梦想秀》

三、回答问题。

1. 猜猜赵大妈说的“报喜不报忧”是什么意思。
2. 赵大妈到新西兰后遇到了哪些困难？

Oral practice 口语表达

介绍一家你熟悉的饭馆儿，并说说这家饭馆儿背后的故事。

Lesson 2

想当兽医的小女孩儿

The little girl who wants to be a vet

Text 课文 **借助生词表，快速浏览课文后回答问题：**周爱思为什么想当兽医？ 02-1

周爱思（Zhōu Àisī）是一个中非混血的小女孩儿。她很喜欢小动物，常常把流浪的小猫小狗抱回家，细心地喂养。现在她的家里成了小小的动物园，各种各样的小动物挤满了她的房间。周爱思每天跟小动物一起玩儿，非常开心。

有一次，一只小兔子生病了，不吃不喝。周爱思急坏了，赶紧抱着小兔子去宠物医院。小兔子经过治疗又活蹦乱跳了，她才放下心来。

慢慢地，周爱思开始羡慕兽医的工作，有了当兽医的想法。这样，她不但能给小动物安家，还能给它们治病，让它们生活得健康、快乐。

人们听说了周爱思的故事，都称赞她善良、有爱心，给了那些小动物新的生活；而周爱思却说，是小动物们的陪伴，给了她快乐的童年。

Answer the questions 回答问题

1. 周爱思是一个什么样的小女孩儿？
（中非混血、抱回家、喂养、挤满、开心）
2. 什么事情让周爱思开始羡慕兽医的工作？
（不吃不喝、宠物医院、活蹦乱跳、安家、治病）
3. 人们是怎么评价周爱思的？她自己怎么说？
（称赞、新的生活、陪伴）

New words 生 词 02-2

1. 混血	hùn xuè		mixed race
2. 动物	dòngwù	n.	animal
3. 流浪	liúlàng	v.	to wander, to lead a vagrant life
4. 抱	bào	v.	to hold or carry in the arms, to embrace
5. 喂养	wèiyǎng	v.	to feed
6. 动物园	dòngwùyuán	n.	zoo
7. 各种各样	gèzhǒng-gèyàng		all kinds of
8. 挤	jǐ	v.	to crowd
9. 满	mǎn	adj.	full, filled
10. 兔子	tùzi	n.	rabbit
11. 宠物	chǒngwù	n.	pet
12. 经过	jīngguò	v.	to go through, to undergo
13. 活蹦乱跳	huóbèng-luàntiào		alive and kicking
14. 羡慕	xiànmù	v.	to envy
15. 兽医	shòuyī	n.	vet
16. 安家	ān jiā	v.	to settle down, to set up a home
17. 称赞	chēngzàn	v.	to praise
18. 善良	shànliáng	adj.	kind-hearted
19. 爱心	àixīn	n.	love, compassion
20. 陪伴	péibàn	v.	to accompany, to keep (sb.)

Notes 注 释

1. 周爱思急坏了，赶紧抱着小兔子去宠物医院。

"V_1 + 着（+ O_1）+ V_2（+ O_2）"，表示两个动作同时进行，其中 V_2 是主要动作，V_1 是 V_2 的进行方式。

2. 小兔子经过治疗又活蹦乱跳了。

"经过"，动词，表示通过某种方式，达到某种目的。

Text retelling 复述课文

周爱思是……。她很喜欢……，常常把……，细心地……。现在她的家里……，各种各样的……。周爱思每天……，非常……。

有一次，一只小兔子……，不吃不喝。周爱思……，赶紧……。小兔子……，她……。

慢慢地，周爱思开始……，有了……想法。这样，她不但……，还能……，让它们……。

人们听说了……，都……，给了……；而周爱思却说，是……，给了……。

Grammar 学习语法

Supplementary new words (1) 扩展生词（一） 02-3

1. 草地	cǎodì	n.	meadow, lawn
2. 星星	xīngxing	n.	star
3. 美发师	měifàshī	n.	hairdresser, hairstylist
4. 天空	tiānkōng	n.	sky
5. 飞翔	fēixiáng	v.	to fly
6. 吉他	jítā	n.	guitar
7. 安慰	ānwèi	v.	to comfort, to console
8. 关心	guānxīn	v.	to care about, to be concerned about
9. 教练	jiàoliàn	n.	coach
10. 指导	zhǐdǎo	v.	to guide, to direct
11. 讨论	tǎolùn	v.	to discuss
12. 录取	lùqǔ	v.	to enroll, to admit

（一）V_1 + 着（+ O_1）+ V_2（+ O_2） 02-4

1. 朗读下列句子，画出 V_1 和 V_2。

（1）周爱思急坏了，赶紧抱着小兔子去宠物医院。

（2）他和女朋友在草地上躺着看星星。

（3）那个美发师习惯坐着给别人理发。

（4）我的梦想是开着飞机在天空飞翔。

（5）那个站着弹吉他的男孩儿叫大卫。

2. 用“V_1 + 着（+ O_1）+ V_2（+ O_2）”完成句子，然后朗读。

（1）我喜欢________________________。

（2）这个服务员总是________________________。

（3）很多人________________________。

（4）________________________对眼睛不好。

（5）千万不能________________________。

（二）经过 02-5

1. 朗读下列句子，画出“经过”后面的词语。

（1）小兔子经过治疗又活蹦乱跳了。

（2）经过商量，大家让我去安慰小王。

（3）经过调查，我们发现客人最关心的问题是宾馆干净不干净。

（4）经过教练的指导，队员们都提高得很快。

（5）经过讨论，我们决定录取这名大学生。

2. 连线成句，然后朗读。

（1）经过大家的努力，	他的汉语水平提高了不少。
（2）经过这段时间的学习，	女儿决定出国留学。
（3）经过打扫，	公司的生意越做越大。
（4）经过考虑，	我们才互相认识。
（5）经过朋友介绍，	房间里干净多了。

Supplementary new words (2) 扩展生词（二） 02-6

1. 拳击	quánjī	n.	boxing	4. 蜘蛛	zhīzhū	n.	spider
2. 乌龟	wūguī	n.	tortoise, turtle	5. 可怜	kělián	adj.	pitiful
3. 仓鼠	cāngshǔ	n.	hamster	6. 踩	cǎi	v.	to tread, to step on

Proper nouns 专有名词

忍者神龟　Rěnzhě Shénguī　Ninja Turtles, a fictional team of four teenage anthropomorphic turtles

一、判断正误。

1. 周爱思十三岁了。(　　)
2. 周爱思来自非洲。(　　)
3. 周爱思把乌龟送给了主持人。(　　)
4. 周爱思带来的这只乌龟生病了。(　　)

二、选择正确答案。

1. 关于周爱思，我们知道：(　　)
   A. 妈妈是非洲人　B. 爸爸是非洲人
   C. 是一个拳击手　D. 很喜欢打拳击
2. 周爱思的梦想是：(　　)
   A. 给狗看病　B. 保护动物　C. 当拳击手　D. 去非洲
3. 周爱思今天没说到哪种动物？(　　)
   A. 小猫　B. 小狗　C. 小鱼　D. 仓鼠
4. 周爱思最后为什么哭了？(　　)
   A. 希望跟主持人拥抱　B. 梦想没有通过
   C. 主持人不还她乌龟　D. 可以保护动物了

三、回答问题。

1. 周爱思说“很多人觉得它们不起眼”，猜猜“不起眼”是什么意思。
2. 周爱思为什么要养很多动物？

Oral practice 口语表达

你养过什么宠物？你想养什么宠物？为什么？

Lesson 3

土家春晚

The Tujia-style Spring Festival gala

Text 课文 借助生词表，快速浏览课文后回答问题：覃露的梦想是什么？ 03-1

覃露（Qín Lù）是一个土家族姑娘。土家族是一个能歌善舞的民族。无论是庆祝节日，还是田间劳动，他们都要唱唱歌，跳跳舞，用这样的方式表达对生活的热爱。

除夕的时候，大家聚在一起，一边看春晚，一边即兴表演土家族的歌舞。看到这种情景，覃露想，为什么不把土家族的歌舞搬上舞台，举办一场自己的春晚呢？她把这个想法告诉了村民，大家一致赞成。

今年春节，他们如愿以偿了。在自己的春晚上，大家表演了土家族的舞蹈，演唱了土家族的民歌。不少外地游客也兴致勃勃地来欣赏他们的表演，他们被这里的民族风情吸引了，也被土家族的热情感动了。

Answer the questions 回答问题

1. 介绍一下土家族。
（能歌善舞、庆祝节日、田间劳动、表达）
2. 覃露是怎么产生办春晚的想法的？
（聚在一起、看春晚、即兴、搬上舞台、一致赞成）
3. 土家春晚办得怎么样？
（如愿以偿、表演、演唱、兴致勃勃、吸引、感动）

New words 生词 03-2

1. 能歌善舞	nénggē-shànwǔ		to be good at singing and dancing
2. 无论	wúlùn	conj.	no matter (what, how, etc.), regardless of
3. 庆祝	qìngzhù	v.	to celebrate
4. 田间	tiánjiān	n.	field, farm
5. 除夕	chúxī	n.	Chinese New Year's Eve
6. 聚	jù	v.	to gather
7. 春晚	chūnwǎn	n.	Spring Festival gala
8. 即兴	jíxìng	v.	to be impromptu
9. 情景	qíngjǐng	n.	situation, scene
10. 舞台	wǔtái	n.	stage, arena
11. 一致	yízhì	adv.	unanimously
12. 赞成	zànchéng	v.	to agree, to approve
13. 如愿以偿	rúyuàn-yǐcháng		to achieve what one wishes
14. 舞蹈	wǔdǎo	n.	dance
15. 民歌	míngē	n.	folk song
16. 兴致勃勃	xìngzhì-bóbó		in high spirits
17. 欣赏	xīnshǎng	v.	to enjoy, to admire
18. 风情	fēngqíng	n.	folk custom
19. 吸引	xīyǐn	v.	to attract
20. 感动	gǎndòng	v.	to affect, to move

Proper nouns 专有名词

土家族 Tǔjiāzú Tujia ethnic group

Notes 注释

1. 无论是庆祝节日，还是田间劳动，他们都要唱唱歌，跳跳舞。

“无论……都……”，表示在任何条件下结果或结论都不会改变。“无论”后面可以是表示选择关系的并列成分，也可以是表示任指的疑问代词。

2. 为什么不把土家族的歌舞搬上舞台，举办一场自己的春晚呢？

“为什么不……（呢）”，用反问的语气表示应该或可以，有时含有劝告的意思。

Text retelling 复述课文

覃露是……。土家族是……。无论是……，还是……，他们都要……，……，用这样的方式……。

除夕的时候，大家……，一边……，一边……。看到这种情景，覃露想，为什么……，……？她……，大家……。

今年春节，他们……。在自己的春晚上，大家表演了……，演唱了……。不少外地游客也……，他们被……，也被……。

Grammar 学习语法

Supplementary new words (1) 扩展生词（一） 03-3

1. 鼓励 gǔlì v. to encourage, to inspire
2. 投入 tóurù v. to be engrossed in
3. 相信 xiāngxìn v. to believe
4. 正确 zhèngquè adj. right, correct
5. 待遇 dàiyù n. pay, salary and perks
6. 既然 jìrán conj. since, now that
7. 花生 huāshēng n. peanut
8. 胡杨林 húyánglín n. populus euphratica forest

（一）无论……都…… 03-4

1. 朗读下列句子，画出“无论”“都”后面的词语。

（1）无论是庆祝节日，还是田间劳动，他们都要唱唱歌，跳跳舞。

（2）无论孩子做得好不好，我们都要鼓励他。

（3）无论做什么工作，他都非常投入。

（4）无论你怎么解释，我都不相信会发生这样的事。

（5）无论老师的问题多难，他都能正确回答。

2. 根据提示词，用“无论……都……”完成句子，然后朗读。

（1）无论____________________，都很喜欢这个电影。（老人、孩子）

（2）无论____________________，她都不会生气。（说）

（3）无论____________________，他都拒绝接受采访。（邀请）

（4）无论我____________________，都会打电话告诉你。（去）

（5）无论____________________，我们都会为您免费送到家里。（远）

（二）为什么不……（呢） 03-5

1. 朗读下列句子，画出“为什么不”后面的词语。

（1）为什么不把土家族的歌舞搬上舞台，举办一场自己的春晚呢？

（2）这家公司待遇这么差，为什么不换一家呢？

（3）既然你早就知道这件事，为什么不告诉我呢？

（4）你那么喜欢吃花生，为什么不多买点儿呢？

（5）听说胡杨林非常美，我们为什么不去看看呢？

2. 用“为什么不……（呢）”完成句子，然后朗读。

（1）今天是周末，你____________________？

（2）这个问题你没听懂，____________________？

（3）你病得这么厉害，____________________？

（4）刚才你猜到了谜语的答案，____________________？

（5）既然你对中国那么感兴趣，____________________？

Supplementary new words (2) 扩展生词（二） 03-6

1. 搭	dā	v.	to build
2. 晃	huàng	v.	to shake, to sway
3. 稳定	wěndìng	adj.	steady, stable
4. 灯光	dēngguāng	n.	lamplight, lighting
5. 村支书	cūnzhīshū	n.	village secretary
6. 学院	xuéyuàn	n.	college, institute

Proper nouns 专有名词

张家界 Zhāngjiājiè Zhangjiajie, a city in Hunan Province

一、判断正误。

1. 覃露今年三十三岁了。(　　)
2. 覃露是张家界人。(　　)
3. 主持人觉得村支书应该是老人。(　　)
4. 赵鑫没有上过大学。(　　)

二、选择正确答案。

1. 覃露戴着太阳花的原因不包括：(　　)

   A. 她觉得自己的性格很阳光　　B. 村里的人都叫她“村花”

   C. 她想把太阳花送给主持人　　D. 代表很多人陪她参加节目

2. 覃露的梦想是什么？（　　）

   A. 和家人一起上舞台　　B. 参加电视台的春晚

   C. 成为优秀的舞蹈家　　D. 为村里办一台春晚

3. 覃露遇到了什么困难？（　　）

   A. 没有演员，不会搭舞台　　B. 没有稳定、漂亮的舞台

   C. 没有时间准备舞蹈节目　　D. 大家不太喜欢她的舞蹈

4. 关于赵鑫，下列说法正确的是：(　　)

   A. 他一直在农村工作　　B. 在城里上过三年班

   C. 他刚刚从大学毕业　　D. 他现在在城里工作

三、回答问题。

1. 猜猜视频中提到的“村花”是什么意思。
2. 村里去年办的春晚怎么样？

Oral practice 口语表达

你们国家最重要的节日是什么？有哪些活动？

Lesson 4

《中国梦想秀》

The reality show *Dream of China*

Text 课文

借助生词表，快速浏览课文后回答问题：

《中国梦想秀》是一个什么样的节目？

04-1

《中国梦想秀》是浙江电视台的一个很吸引人的节目。这个节目让很多普通老百姓实现了心中的梦想。这些“追梦人”登上舞台，展现才艺，说出自己的故事和梦想。主持人根据现场观众的投票情况，决定是否帮助这个追梦人实现梦想。

在一期节目中，来自成都的秦坤（Qín Kūn）希望每个人都能学一些简单的手语，以便跟聋哑人沟通。他的梦想得到了观众的支持，在主持人的倡议下，现场的企业家捐款十万元，帮助他推广手语。

现在，《中国梦想秀》已经成为中国观众最喜欢的节目之一，很多人都想登上这个舞台，实现自己的梦想。

Answer the questions 回答问题

1. 《中国梦想秀》是怎样帮老百姓实现梦想的？
（登、展现、说出、投票、决定）
2. 秦坤的梦想是什么？他的梦想实现了吗？
（手语、沟通、支持、倡议、捐款、推广）
3. 观众喜欢《中国梦想秀》这个节目吗？为什么？
（之一、登、实现）

New words 生词 04-2

1. 秀	xiù		(TV) show
2. 普通	pǔtōng	adj.	common, ordinary
3. 老百姓	lǎobǎixìng	n.	common people
4. 追梦	zhuī mèng		to go after a dream
5. 登	dēng	v.	to ascent, to mount
6. 展现	zhǎnxiàn	v.	to show, to display
7. 才艺	cáiyì	n.	talent and skill
8. 现场	xiànchǎng	n.	site, scene
9. 投票	tóu piào	v.	to vote
10. 是否	shìfǒu	adv.	whether or not
11. 期	qī	m.	episode
12. 手语	shǒuyǔ	n.	sign language
13. 以便	yǐbiàn	conj.	in order to
14. 聋哑人	lóngyǎrén	n.	deaf-mute
15. 沟通	gōutōng	v.	to communicate
16. 得到	dé dào	v.	to get, to obtain
17. 支持	zhīchí	v.	to support
18. 企业家	qǐyèjiā	n.	entrepreneur
19. 捐款	juān kuǎn	v.	to donate money
20. 推广	tuīguǎng	v.	to promote, to popularize

Proper nouns 专有名词

1. 浙江	Zhèjiāng	Zhejiang Province
2. 成都	Chéngdū	Chengdu, capital of Sichuan Province

Notes 注释

1. 秦坤希望每个人都能学一些简单的手语，以便跟聋哑人沟通。

"以便"，连词，用在第二个分句的开头，表示前一分句说的办法，可以让本句说的事情容易实现。

2. 《中国梦想秀》已经成为中国观众最喜欢的节目之一。

"最 + adj. / v. + 的 + n. + 之一"，表示形容词或动词描述的程度最高的事物或情况中的一个。

Text retelling 复述课文

《中国梦想秀》是……。这个节目……。这些"追梦人"登上……，展现……，说出……。主持人根据……，决定……。

在一期节目中，来自成都的秦坤希望……，以便……。他的梦想……，在主持人的倡议下，现场的企业家……，帮助他……。

现在，《中国梦想秀》已经成为……，很多人都想……，实现……。

Grammar 学习语法

Supplementary new words (1) 扩展生词（一） 04-3

1. 材料	cáiliào	n.	material
2. 向	xiàng	prep.	to, towards
3. 宣传	xuānchuán	v.	to publicize, to advertise
4. 完善	wánshàn	v.	to improve, to perfect
5. 制度	zhìdù	n.	system, institution
6. 观察	guānchá	v.	to observe
7. 钓	diào	v.	to fish, to angle
8. 演奏	yǎnzòu	v.	to play (a musical instrument), to give an instrumental performance
9. 乐器	yuèqì	n.	musical instrument
10. 名胜古迹	míngshèng-gǔjì		place of interest, scenic spot
11. 前途	qiántú	n.	future, prospect

（一）以便 04-4

1. 朗读下列句子，画出“以便“后面的词语。

（1）秦坤希望每个人都能学一些简单的手语，以便跟聋哑人沟通。
（2）你先准备好材料，以便开会时向大家介绍。
（3）公司正在积极做宣传，以便吸引更多的人来应聘。
（4）欢迎大家提出意见，以便我们完善各项制度。
（5）你应该认真观察生活，以便更快地提高表演水平。

2. 连线成句，然后朗读。

（1）政府修建了青藏铁路，	以便照顾生病的父母。
（2）卫教授说要亲自来中国看看，	以便找到最好的解决办法。
（3）姐姐喜欢坐在靠窗的座位，	以便更好地了解中国。
（4）经理希望大家一起出主意，	以便促进西藏的发展。
（5）李文选择回家乡工作，	以便欣赏外边的风景。

（二）最 + adj. / v. + 的 + n. + 之一 04-5

1. 朗读下列句子，画出“最……之一”中间的词语。

（1）《中国梦想秀》已经成为中国观众最喜欢的节目之一。
（2）钓鱼是我最不愿意做的事情之一。
（3）钢琴是周杰演奏得最好的乐器之一。
（4）长城是中国最有名的名胜古迹之一。
（5）秦阳是我们队里最有前途的运动员之一。

2. 根据提示词，用“最 + adj. / v.+ 的 + n. + 之一”完成句子，然后朗读。

（1）从见到她的那天起，她就成了我__________________。（人）
（2）律师是__________________。（职业）
（3）绿色是我__________________。（颜色）
（4）伦敦是世界上__________________。（城市）
（5）对运动员来说，奥运会是__________________。（比赛）

《中国梦想秀》背后的故事

叶青盛是《中国梦想秀》节目的编导（biāndǎo，scriptwriter and director），她留着长发，长相甜美。第一眼看见她，很难把她跟扛着摄像机（shèxiàngjī，video camera）到处跑的电视编导联系到一起。

有一期节目，叶青盛负责的追梦人是一群住在北京郊区的打工者，他们生活困难，但在工作之余，常常组织演出，放松心情，释放压力。他们的梦想是给自己添置一台音响（yīnxiǎng，stereo system, sound equipment）。

叶青盛除了希望他们能美梦成真，还带上摄像机前往每个打工者的老家，拍摄亲友们的问候（wènhòu，to greet, to send one's respects to）。没想到，当她来到其中的一个村子四处打听时，被村里人误会，当成了骗子（piànzi，liar, fraud），谁也不跟她说话，甚至阻挠她的工作。叶青盛并没有放弃，坚持找到了追梦人的家。她在门口一坐就是几个小时，最后追梦人的父母终于打开了门，叶青盛录下了宝贵的画面。

当被问起为什么要拍摄这些视频时，叶青盛说："远离家乡和亲人，在大城市里打工，就是希望以后能更好地跟家人生活在一起。拍摄他们亲人的画面，不但能让他们高兴高兴，也能给他们一些动力（dònglì，driving force, impetus），继续做好自己的工作。"

一、选择正确答案。

1. 叶青盛是一个：（　　）

A. 骗子　　B. 追梦人　　C. 编导　　D. 打工者

2. 找出不同的一项：（　　）

A. 甜美　　B. 可爱　　C. 漂亮　　D. 帅

3. 这些北京郊区的打工者工作之余常做什么？（　　）

A. 演出　　B. 看电视　　C. 摄像　　D. 回老家

4. 叶青盛拍摄打工者家人视频的原因是：（　　）

A. 给自己一些动力　　B. 让打工者高兴高兴

C. 这是自己的工作　　D. 满足打工者的愿望

二、回答问题。

1. 那群住在北京郊区的打工者有什么愿望？

2. 叶青盛拍摄追梦人亲友的视频时，遇到了哪些困难？

三、写作：我最喜欢的电视节目。

1. 你最喜欢的电视节目是什么？

2. 这个电视节目是什么样的？

3. 这个节目受欢迎吗？你为什么喜欢这个节目？

Lesson 5

我要飞得更高

I want to fly higher

Text 课文　借助生词表，快速浏览课文后回答问题：王强的童年梦想是什么？　05-1

王强（Wáng Qiáng）是位美发师，他的美发技术非常出色，非常受顾客的欢迎。可谁能想到，他那制作美丽发型的双手，还能组装飞机。

一天的繁忙之后，他经常把自己关在小屋子里，反复琢磨，改造发动机，拼装机身。经过多次改进，他的小型飞机终于组装成功了！他开着自己的飞机，飞上了蓝天，实现了童年的梦想。

看着王强开着飞机在天空中自由地飞翔，家人由衷地为他感到骄傲和自豪。王强说，他打算尽快买两台小型航空发动机，组装一架性能更好而且飞得更高、更远的飞机。

Answer the questions

回答问题

1. 王强是做什么工作的？他做得怎么样？
（美发师、出色、受……欢迎）
2. 下班以后，王强常常做什么？
（繁忙、关、琢磨、改造、拼装、改进、成功）
3. 王强还有什么打算？
（尽快、航空发动机、组装）

New words 生词 05-2

1. 制作 zhìzuò v. to make, to manufacture
2. 发型 fàxíng n. hairstyle
3. 组装 zǔzhuāng n. to assemble
4. 繁忙 fánmáng adj. busy
5. 反复 fǎnfù adv. repeatedly
6. 琢磨 zuómo v. to consider, to ponder
7. 改造 gǎizào v. to remold, to modify
8. 发动机 fādòngjī n. engine
9. 拼装 pīnzhuāng v. to piece together
10. 机身 jīshēn n. fuselage
11. 改进 gǎijìn v. to improve
12. 小型 xiǎoxíng adj. (*attributive*) small-sized
13. 飞 fēi v. to fly
14. 自由 zìyóu adj. free
15. 由衷 yóuzhōng v. from the bottom of one's heart
16. 自豪 zìháo adj. proud
17. 尽快 jǐnkuài adv. as soon as possible
18. 航空 hángkōng v. aviation
19. 性能 xìngnéng n. performance, efficiency

Notes 注释

1. 他经常把自己关在小屋子里，反复琢磨，改造发动机，拼装机身。

   “反复”，副词，一遍又一遍，多次重复。

2. 他打算尽快买两台小型航空发动机。

   “尽快”，副词，尽量加快。

Text retelling 复述课文

王强是……，他的……，非常……。可谁能想到，他……，还能……。

一天的繁忙之后，他……，反复……，改造……，拼装……。经过……，他的……！他……，飞上了……，实现了……。

看着……，家人……。王强说，他打算……，组装……。

Grammar 学习语法

Supplementary new words (1) 扩展生词（一） 05-3

1. 空姐 kōngjiě n. air hostess
2. 养成 yǎngchéng to cultivate, to form
3. 训练 xùnliàn v. to train
4. 舞姿 wǔzī n. dancing posture
5. 动人 dòngrén adj. appealing, attractive
6. 思考 sīkǎo v. to think deeply
7. 药物 yàowù n. drug, medicine
8. 中毒 zhòng dú v. to be poisoned
9. 失误 shīwù n. fault, error
10. 调整 tiáozhěng v. to adjust, to make changes
11. 处理 chǔlǐ v. to handle, to deal with

（一）反复 05-4

1. 朗读下列句子，画出“反复”后面的动词。

（1）他经常把自己关在小屋子里，反复琢磨，改造发动机，拼装机身。
（2）飞机起飞前，空姐反复提醒大家系好安全带。
（3）要让小狗养成好习惯，需要反复地训练。
（4）经过反复练习，那对双胞胎的舞姿越来越动人了。
（5）经过反复思考，我们终于想出了一个好办法。

2. 用“反复”完成句子，然后朗读。

（1）那位科学家________________，终于成功了。
（2）这种筷子只能用一次，________________。
（3）________________，经理同意了小王的请求。
（4）________________，一定要注意安全。
（5）________________，月底一定要完成任务。

（二）尽快 05-5

1. 朗读下列句子，画出“尽快”后面的动词。

（1）他打算尽快买两台小型航空发动机。
（2）发生药物中毒时，要尽快到医院治疗。
（3）比赛中出现失误后，要尽快调整好心态。
（4）我们会想办法尽快帮助你们改善生活环境。
（5）新产品出了点儿问题，你尽快处理一下。

2. 连线成句，然后朗读。

（1）台风要来了，	用完以后尽快还给我。
（2）下周就要开会讨论了，	新产品应尽快投入生产。
（3）客人还有两天就到了，	希望你尽快订好酒店。
（4）为了满足顾客需求，	请张秘书尽快复印好材料。
（5）你先拿去用吧，	请大家尽快做好准备。

Supplementary new words (2) 扩展生词（二） 05-6

1. 全职 quánzhí adj. full-time
2. 部门 bùmén n. department, section
3. 勇气 yǒngqì n. courage

一、判断正误。

1. 今天王强一个人来到了现场。(　　)
2. 王强的妻子没有坐过他的飞机。(　　)
3. 王强的妻子一直不支持他组装飞机。(　　)
4. 有人认为，为了家庭，王强应该放弃组装飞机。(　　)

二、选择正确答案。

1. 妻子以前为什么不支持王强组装飞机？（　　）
   A. 陪家人的时间太少　　B. 需要花家里很多钱
   C. 这不是自己的梦想　　D. 自己不是全职太太
2. 关于王强的妻子，下列说法正确的是：(　　)
   A. 一直在外工作　　B. 自己照顾孩子
   C. 觉得自己很累　　D. 不太尊重丈夫
3. 演员张铁林主要考虑的是：(　　)
   A. 家庭问题　　B. 费用问题
   C. 能飞多远　　D. 安全问题
4. 支持王强的人，是怎么认为的？（　　）
   A. 飞机是大男孩儿的玩具　　B. 非常佩服王强的勇气
   C. 中国需要组装飞机的人　　D. 组装飞机非常有挑战性

三、回答问题。

1. 王强的梦想通过了吗？你觉得原因是什么？
2. 你支持王强吗？

Oral practice 口语表达

说说你坐飞机的有趣的经历。

Lesson 6

大地妈妈

The earth mother

Text 课文

借助生词表，快速浏览课文后回答问题：
易解放是什么时候开始种树的？

06-1

在内蒙古东部，有一片叫塔敏查干的沙漠。“塔敏查干”在蒙古语里是死亡之海的意思。这里的沙丘一个连着一个，狂风吹过，风沙漫天，气候十分恶劣。

2002年，易解放（Yì Jiěfàng）和丈夫放弃了舒适的城市生活，一起来到这片沙漠，用双手和毅力，一棵一棵地种下了第一批树苗。

小树苗慢慢地长大了，易解放的故事也逐渐传开了。志愿者一批一批地来到这里，加入到种树的队伍中。现在他们已经在这片沙漠种下了一百六十万棵树，面积有一千三百多个足球场那么大。

如今，易解放六十多岁了，她仍然带领志愿者义务种树，坚持着自己的绿色梦想。志愿者们都亲切地称她为“大地妈妈”。

Answer the questions

回答问题

1. 介绍一下塔敏查干沙漠。
（内蒙古、死亡之海、沙丘、狂风、气候）
2. 说说易解放种树的故事。
（放弃、毅力、树苗、逐渐、志愿者、队伍、一百六十万、一千三百多个）
3. 易解放还在坚持种树吗？
（六十多岁、仍然、梦想、“大地妈妈”）

New words 生词 06-2

1. 死亡	sǐwáng	v.	to die	11. 批	pī	m.	batch, group
2. 沙丘	shāqiū	n.	sand dune	12. 树苗	shùmiáo	n.	sapling
3. 狂风	kuángfēng	n.	fierce wind	13. 志愿者	zhìyuànzhě	n.	volunteer
4. 吹	chuī	v.	to blow	14. 加入	jiārù	v.	to join
5. 风沙	fēngshā	n.	sand blowing in the wind	15. 队伍	duìwu	n.	team
6. 漫天	màntiān	v.	to be all over the sky	16. 如今	rújīn	n.	now, at present
7. 恶劣	èliè	adj.	bad, nasty	17. 仍然	réngrán	adv.	still
8. 舒适	shūshì	adj.	comfortable	18. 义务	yìwù	adj.	obligatory, voluntary
9. 毅力	yìlì	n.	perseverance	19. 坚持	jiānchí	v.	to insist , to persist
10. 种	zhòng	v.	to plant, to grow	20. 亲切	qīnqiè	adj.	kind, amiable

Proper nouns 专有名词

1. 内蒙古 Nèiměnggǔ Inner Mongolia
2. 塔敏查干沙漠 Tǎmǐnchágān Shāmò Tamin Chagan desert

Notes 注释

1. 他们一棵一棵地种下了第一批树苗。

   "一 + m. + 一 + m. + 地 + v."，做状语，表示动作行为按照顺序逐一进行或反复出现。

2. 易解放六十多岁了，她仍然带领志愿者义务种树。

   "仍然"，副词，表示跟原来一样，没有变化。

Text retelling 复述课文

在内蒙古东部，有一片……。"塔敏查干"……。这里的沙丘……，狂风……，风沙……，气候……。

2002 年，易解放和丈夫……，一起……，用……，……种下了……。

小树苗……，易解放的故事……。志愿者……，加入到……。现在……，面积……。

如今，易解放……，她仍然……，坚持着……。志愿者们……。

Grammar 学习语法

Supplementary new words (1) 扩展生词（一） 06-3

1. 漏	lòu	v.	to leak, to seep
2. 总统	zǒngtǒng	n.	president
3. 阵	zhèn	m.	period, spell, fit
4. 冻	dòng	v.	to freeze
5. 发抖	fādǒu	v.	to shiver, to tremble
6. 进行	jìnxíng	v.	to proceed, to go on
7. 误会	wùhuì	n.	misunderstanding
8. 讨厌	tǎo yàn	v.	to hate, to detest
9. 放学	fàng xué	v.	school is over
10. 信心	xìnxīn	n.	confidence

（一）一 + m. + 一 + m. + 地 + v. 06-4

1. 朗读下列句子，画出其中的“一 + m. + 一 + m. + 地 + v.”结构。

（1）他们一棵一棵地种下了第一批树苗。

（2）水一滴一滴地漏了下来。

（3）画家在一笔一笔地为总统画像。

（4）饭要一口一口地吃，事要一件一件地做。

（5）冷风一阵一阵地吹来，把他们冻得全身发抖。

2. 根据提示词，用“一 + m. + 一 + m. + 地 + v.”完成句子，然后朗读。

（1）你别着急，汉字要____________________。（学）

（2）只有____________________，我才能知道哪件衣服适合我。（试）

（3）这些商场我们____________________，一定能买到你喜欢的项链。（逛）

（4）出租车____________________，没有一辆停下来。（开）

（5）你这样____________________，晚上还能睡着吗？（喝）

（二）仍然 06-5

1. 朗读下列句子，画出“仍然“后面的动词。

（1）易解放六十多岁了，她仍然带领志愿者义务种树。

（2）比赛已经进行了八十分钟，比分仍然是零比零。

（3）虽然这只是一场误会，可是我仍然很讨厌他。

（4）放学以后，大卫仍然在教室里学习。

（5）一次次的尝试都失败了，但是袁隆平仍然充满信心。

2. 连线成句，然后朗读。

（1）现在回忆起来，	她仍然那么年轻、漂亮。
（2）只要你不放弃努力，	但是他仍然坚持去孤儿院做义工。
（3）他已经大学毕业好几年了，	仍然和父母住在一起。
（4）虽然工作很忙，	就仍然有希望。
（5）十多年后再一次见到她，	我仍然觉得那是一次愉快的旅行。

2 Audiovisal and speaking exercises 视听说练习 06

Supplementary new words (2) 扩展生词（二） 06-6

1. 就职	jiù zhí	v.	to assume office
2. 永久	yǒngjiǔ	adj.	permanent, everlasting
3. 居住	jūzhù	v.	to live, to reside
4. 退休	tuì xiū	v.	to retire
5. 资金	zījīn	n.	capital, fund
6. 车祸	chēhuò	n.	car accident
7. 赔偿金	péichángjīn	n.	compensation

一、判断正误。

1. 易解放希望能够坐下来讲自己的故事。(　　)
2. 易解放已经在沙漠里种了十年树了。(　　)
3. 易解放去的第一个沙漠是塔敏查干沙漠。(　　)
4. 易解放种树的资金是自己的退休金。(　　)

二、选择正确答案。

1. 易解放是什么时候去的日本？（　　）

   A. 1986 年　B. 1987 年　C. 2000 年　D. 2002 年

2. 易解放去日本做什么？（　　）

   A. 种树　B. 留学　C. 看病　D. 旅游

3. 谁提出的种树的建议？（　　）

   A. 易解放自己　B. 易解放的丈夫

   C. 易解放的儿子　D. 易解放的女儿

4. 听到种树的建议时，易解放最担心什么问题？（　　）

   A. 身体　B. 时间　C. 资金　D. 环境

三、回答问题。

1. 介绍一下易解放的经历。
2. 易解放种树的原因是什么？

Oral practice 口语表达

说说你能为保护环境做些什么。

Lesson 7

生活在一起

To live together

Text 课文

借助生词表，快速浏览课文后回答问题：

左朝峰的父母来北京跟他一起住了吗？

07-1

左朝峰（Zuǒ Cháofēng）是中国杂技团的一名演员。他从小就离开了家，在广州学习杂技。现在他已是而立之年，终于在北京买了房，安了家。

不过，有件事一直困扰着左朝峰：父母还在老家生活，他们的年纪越来越大，身体也越来越差了；而自己却远在他乡，不能照顾他们，心里很内疚。尽管左朝峰再三劝父母来北京一起生活，但是老人怕给儿子增加负担，一直没答应。

如何才能让父母安心地待在北京呢？左朝峰经常冥思苦想。后来，他来到了《中国梦想秀》的舞台，希望大家能帮他母亲找份工作。如果老人能自食其力，就不用担心自己过于依赖孩子了。在大家的帮助下，他母亲在北京找到了工作，一家人终于生活在一起了。

Answer the questions 回答问题

1. 介绍一下左朝峰。
（演员、离开、杂技、而立之年）
2. 什么事一直困扰着左朝峰？
（老家、年纪、身体、他乡、内疚、劝、负担）
3. 左朝峰为什么来到《中国梦想秀》的舞台？
（安心、冥思苦想、找工作、自食其力、依赖）

New words 生 词 07-2

1. 杂技团	zájìtuán	n.	acrobatic troupe
2. 演员	yǎnyuán	n.	actor/actress
3. 杂技	zájì	n.	acrobatics
4. 而立之年	érlìzhīnián		thirty years old
5. 困扰	kùnrǎo	v.	to trouble, to perplex
6. 老家	lǎojiā	n.	old home, native place
7. 年纪	niánjì	n.	age
8. 差	chà	adj.	bad, poor
9. 他乡	tāxiāng	n.	alien land, place far away from home
10. 内疚	nèijiù	adj.	guilty, conscience-stricken
11. 尽管	jǐnguǎn	conj.	although, in spite of
12. 再三	zàisān	adv.	repeatedly
13. 劝	quàn	v.	to try to persuade
14. 如何	rúhé	pron.	how, in what way
15. 安心	ānxīn	adj.	relieved, at ease
16. 待	dāi	v.	to stay
17. 冥思苦想	míngsī-kǔxiǎng		to think hard, to rack one's brains
18. 自食其力	zìshí-qílì		to earn one's own living
19. 过于	guòyú	adv.	excessively
20. 依赖	yīlài	v.	to rely on

Proper nouns 专有名词

广州 Guǎngzhōu Guangzhou, capital of Guangdong Province

Notes 注 释

1. 尽管左朝峰再三劝父母来北京一起生活，但是老人怕给儿子增加负担，一直没答应。

   "尽管"，连词，意思相当于"虽然"，常与"但是、可是、却"等搭配使用。

2. 在大家的帮助下，他母亲在北京找到了工作，一家人终于生活在一起了。

   "终于"，表示经过较长过程后，出现希望达到的结果。

Text retelling 复述课文

左朝峰是……。他从小……，在广州……。现在……，终于……，……。

不过，有件事……：父母……，他们……，身体……；而自己……，不能……，心里……。尽管左朝峰……，但是……，一直……。

如何……？左朝峰……。后来，他……，希望……。如果……，就不用……。在大家的帮助下，他母亲……，一家人……。

Grammar 学习语法

Supplementary new words (1) 扩展生词（一） 07-3

1. 歌声	gēshēng	n.	singing, singing voice
2. 优美	yōuměi	adj.	graceful, beautiful
3. 乡间	xiāngjiān	n.	countryside
4. 美好	měihǎo	adj.	nice, fine
5. 艰苦	jiānkǔ	adj.	hard, arduous
6. 面对	miànduì	v.	to face, to confront
7. 地震	dìzhèn	v.	earthquake
8. 慌张	huāngzhāng	adj.	flustered, flurried
9. 一切	yíqiè	pron.	all, everything
10. 自弹自唱	zìtán-zìchàng		to sing and accompany oneself on an instrument
11. 盖	gài	v.	to build
12. 救	jiù	v.	to save

（一）尽管 07-4

1. 朗读下列句子，画出"尽管"后面的词语。

（1）尽管左朝峰再三劝父母来北京一起生活，但是老人怕给儿子增加负担，一直没答应。

（2）孩子们的歌声尽管不算优美，但是却唱出了乡间美好的生活。

（3）尽管那时生活很艰苦，但是每个人都微笑着面对困难。

（4）尽管发生了地震，可是大家都没有慌张。

（5）我仍然不习惯这里的生活，尽管已经搬到这里好几年了。

2. 完成句子，然后朗读。

（1）尽管__________________，但是他仍然坚持工作。

（2）尽管他们已经分手了，__________________。

（3）尽管__________________，但是却让我非常感动。

（4）尽管他学的时间不长，但是__________________。

（5）尽管他们认识还不到一个月，__________________。

（二）终于 07-5

1. 朗读下列句子，画出"终于"后面的词语。

（1）在大家的帮助下，他母亲在北京找到了工作，一家人终于生活在一起了。

（2）忙了一上午，演员们终于把一切都准备好了。

（3）经过五年的学习，小伙子终于可以自弹自唱了。

（4）房子终于盖好了，叔叔一家搬进了宽敞的新家。

（5）经过二十多个小时的手术，小男孩儿终于被救活了。

2. 用"终于"完成句子，然后朗读。

（1）袁隆平一次一次地反复实验，最后__________________。

（2）我在门口等了很久，他__________________。

（3）这篇论文我写了半年多，现在__________________。

（4）经过七轮面试，他__________________。

（5）考试__________________，可以休息几天了。

Supplementary new words (2) 扩展生词（二） 07-6

1. 情侣	qínglǚ	n.	lovers, couple
2. 搭档	dādàng	n.	partner
3. 顺其自然	shùnqízìrán		to let nature take its course
4. 婆婆	pópo	n.	mother-in-law, husband's mother
5. 媳妇	xífù	n.	daughter-in-law
6. 距离	jùlí	n.	distance
7. 前桥	qiánqiáo	n.	*qianqiao*, a dance movement
8. 在乎	zàihu	v.	to care about
9. 牢房	láofáng	n.	cell, ward (of a prison)

一、判断正误。

1. 左朝峰的女朋友以前总看他表演。(　　)
2. 左朝峰的父母喜欢他的女朋友。(　　)
3. 左朝峰的搭档给大家表演了前桥。(　　)
4. 左朝峰家里的条件不太好。(　　)

二、选择正确答案。

1. 两个杂技演员的关系是：(　　)

   A. 情侣　B. 搭档　C. 兄妹　D. 同学

2. 关于左朝峰的女朋友佳佳，下列说法正确的是：(　　)

   A. 今年三十岁　B. 不会跳舞

   C. 比左朝峰小十岁　D. 跟左朝峰认识不到两年

3. 主持人给佳佳的建议是什么？(　　)

   A. 要跟左朝峰保持一千米的距离

   B. 要找一个条件比较好的男朋友

   C. 要找一个对自己比较好的婆婆

   D. 不要跟丈夫的家人生活在一起

4. 佳佳最在乎左朝峰的：(　　)

   A. 能力　B. 条件　C. 人品　D. 年龄

三、回答问题。

1. 左朝峰跟他的女朋友是怎么认识的？
2. 主持人说"婆婆和媳妇最好保持一千米的距离"，你同意吗？

Oral practice 口语表达

你希望以后跟父母一起生活吗？

Lesson 8

教洋人说相声

Teaching foreigners *xiangsheng*

Text 课文

借助生词表，快速浏览课文后回答问题：
丁广泉要求洋徒弟们练到什么水平？

08-1

丁广泉（Dīng Guǎngquán）是中国著名的相声演员，他教外国学生说相声已经有二十多年了。每到礼拜天，洋徒弟们都会按时来到丁老师家上课。

丁老师一般先让他们说绕口令练习发音，像“四是四，十是十，十四是十四，四十是四十”；练完发音，丁老师常教他们说方言、俚语，增加相声表演的地方特色。除此以外，丁老师还教他们唱京剧和各种地方戏曲，使他们的表演更加丰富多彩。丁老师对徒弟们的要求很严，每次都要他们练到说准、唱熟为止。

如今，这些金发碧眼的洋徒弟们经常登上舞台表演相声，成为深受广大老百姓喜爱的“洋笑星”。

Answer the questions 回答问题

1. 介绍一下丁广泉。
（相声演员、教、礼拜天、按时）
2. 丁广泉是怎么教洋徒弟们说相声的？
（绕口令、方言、俚语、除此以外、丰富多彩）
3. 洋徒弟们学得怎么样？
（金发碧眼、登、深受、喜爱）

New words 生词 08-2

1. 洋人 yángrén n. foreigner
2. 外国 wàiguó n. foreign country
3. 礼拜天 lǐbàitiān n. Sunday
4. 按时 ànshí adv. on schedule
5. 绕口令 ràokǒulìng n. tongue twister
6. 像 xiàng v. such as, like
7. 方言 fāngyán n. dialect
8. 俚语 lǐyǔ n. slang
9. 地方 dìfāng n. locality (as distinct from the central administration)
10. 特色 tèsè n. feature, characteristic
11. 除此以外 chúcǐyǐwài besides, in addition to
12. 更加 gèngjiā adv. more, to a higher degree
13. 要求 yāoqiú v./n. demand; to require
14. 严 yán adj. strict
15. 熟 shú adj. skilled, proficient
16. 为止 wéizhǐ v. up to, till
17. 金发碧眼 jīnfà-bìyǎn blonde and blue-eyed
18. 广大 guǎngdà adj. numerous, broad masses of
19. 喜爱 xǐ'ài v. to like, to be fond of
20. 笑星 xiàoxīng n. comedian star

Notes 注释

1. 除此以外，丁老师还教他们唱京剧和各种地方戏曲。

　　“除此以外”，意思是除了上文所说的内容以外。一般用于书面语，也可以说“除此之外”。

2. 丁老师对徒弟们的要求很严，每次都要他们练到说准、唱熟为止。

　　“到……为止”，表示到了所说的时间、情况就停止。

Text retelling 复述课文

　　丁广泉是……，他教……已经……。每到……，洋徒弟们都会……。

　　丁老师一般先让他们……，像……；练完发音，丁老师常教他们……，增加……。除此以外，丁老师还教他们……，使他们的表演……。丁老师……，每次都要……为止。

　　如今，这些……，成为……。

Grammar 学习语法

Supplementary new words (1) 扩展生词（一） 08-3

1. 共同	gòngtóng	adj.	common, shared
2. 皮肤	pífū	n.	skin
3. 质量	zhìliàng	n.	quality
4. 因素	yīnsù	n.	factor, element
5. 安排	ānpái	v.	to arrange
6. 野生	yěshēng	adj.	wild
7. 探险	tàn xiǎn	v.	to explore, to venture into the unknown
8. 参与	cānyù	v.	to participate in
9. 打牌	dǎ pái		to play cards
10. 满头大汗	mǎntóu-dàhàn		to be sweating profusely
11. 目前	mùqián	n.	at present
12. 整个	zhěnggè	adj.	whole, entire
13. 自愿	zìyuàn	v.	to volunteer, to be willing

（一）除此以外 08-4

1. 朗读下列句子，画出“除此以外”后面的词语。

（1）除此以外，丁老师还教他们唱京剧和各种地方戏曲。

（2）他们是双胞胎，但只是长得一样，除此以外，几乎找不到其他共同点。

（3）冬天皮肤容易干燥，应该多喝水，除此以外，还要多吃蔬菜和水果。

（4）购物时，顾客会考虑自己的实际需求，除此以外，还会考虑质量和价格等因素。

（5）就按照小王说的去安排吧，除此以外，也没什么好办法。

2. 根据提示词，完成句子，然后朗读。

（1）这个手机可以打电话、发短信，除此以外，____________________。（游戏）

（2）骑自行车可以锻炼身体，除此以外，____________________。（污染）

（3）这个歌星今年出了两张新专辑，除此以外，____________________。（演唱会）

（4）他说他只能想起来喝了很多酒，除此以外，____________________。（别的）

（5）爬山可以欣赏风景，除此以外，____________________。（压力）

（二）到……为止 08-5

1. 朗读下列句子，画出“到……为止”中间的词语。

（1）丁老师对徒弟们的要求很严，每次都要他们练到说准、唱熟为止。

（2）今天我们在野生动物园的探险就到此为止，谢谢大家的参与。

（3）每次打牌，他都会打到天亮为止。

（4）孙校长每天六点起床，最少跑上三千米，直到满头大汗为止。

（5）到目前为止，整个公司只有三个人自愿报名。

2. 根据提示词，用“到……为止”完成句子，然后朗读。

（1）到____________________，我们还没发现工程有问题。（目前）

（2）这件事就到____________________，以后谁也别再说了。（此）

（3）不清楚的就要问，直到____________________。（弄懂）

（4）这家商场免费送一千张电影票，直到____________________。（送完）

（5）我一直向他招手，直到____________________。（看不见）

中国人的告别

大卫在一次相声表演中讲过这样一个段子：他在路上遇到一个中国朋友，他们高兴地聊了一会儿，分别时中国朋友说："有空儿来我家玩儿吧。"大卫马上说："好啊，明天吧。你家在哪儿？"结果中国朋友满脸惊讶地说："啊？"

原来"有空儿来我家玩儿吧"只是告辞（gàocí，to take leave）时的一句客套话（kètàohuà，polite formulae, civilities），并不是真正的邀请。汉语中还有一些告辞时常用的客套话，比如"时间不早了，你也累了，早点儿休息吧""您挺忙的，不打扰了"等，这些都是告辞时为了避免过于直接（zhíjiē，direct, straightforward），而从关心主人的角度说的客套话。

主人送行时也会说一些表示关心的话，如"慢走""慢点儿开"等，这里"慢"的意思相当（xiāngdāng，to be equivalent to）于"小心"，并不是一定让客人走路慢点儿或者开车慢点儿；客人会说"请留步"，意思是"你就送到这儿吧，不用再送了"。

如果主人送行时说"常来玩儿"，这也是一句客套话，意思是这次聚会很快乐，并不是真的让你以后常来他家玩儿；不过，如果他主动跟你约时间，那你可不要当客套话，放了他的鸽子（gēzi，pigeon, dove）。

一、判断正误。

1. 中国朋友邀请大卫明天去家里玩儿。（　　）
2. 主人希望客人回家时慢慢走路。（　　）
3. 告辞时，主人常对客人说"请留步"。（　　）
4. 主人说"常来玩儿"并一定是邀请客人来家里玩儿。（　　）

二、回答问题。

1. 中国人告辞时常说的客套话有哪些？
2. 第四段中"放了他的鸽子"是什么意思？

三、写作：一件趣事。

1. 你学习汉语时，发生过什么趣事？
2. 为什么会发生这样的事？
3. 说说你的看法或感受。

Lesson 9

因为爱

Because of love

Text 课文

借助生词表，快速浏览课文后回答问题：
中旭阔的父母支持他跳舞吗？

09-1

电视上，申旭阔（Shēn XùKuò）正在跳舞，他穿着古怪，动作夸张。电视机前，父母频频摇头，生气地关上了电视。

回到家里以后，父亲再次反对他跳这种风格的舞蹈，希望他找份稳定的工作，踏踏实实地生活。

申旭阔耐心地向他们表达了自己对舞蹈的热爱，虽然父母仍然无法接受，但是出于对孩子的爱，他们还是选择了支持。

一次申旭阔正在北京参加舞蹈比赛，父亲心脏病突然发作，需要做大手术。为了让申旭阔专心比赛，母亲没有立即告诉他。比赛结束后，申旭阔才知道了这件事，既心疼又感动。为了这份爱，他决心更刻苦地练习，以取得更大的成功。

Answer the questions 回答问题

1. 申旭阔在电视里表演什么？他父母是什么态度？
   （跳舞、古怪、夸张、摇头、生气、反对、稳定、踏踏实实）
2. 申旭阔向父母表达了什么？父母的态度变化了吗？
   （耐心、热爱、接受、出于、选择）
3. 申旭阔在北京参加比赛时发生了什么事？这件事对他有什么影响？
   （心脏病、手术、专心、立即、心疼、感动、决心、取得）

New words 生词 09-2

1. 穿着	chuānzhuó	n.	dress, apparel
2. 古怪	gǔguài	adj.	odd, bizarre
3. 动作	dòngzuò	n.	action, movement
4. 夸张	kuāzhāng	adj.	exaggerated
5. 频频	pínpín	adv.	again and again
6. 摇	yáo	v.	to shake
7. 再次	zàicì	adv.	once again
8. 风格	fēnggé	n.	style
9. 踏实	tāshi	adj.	steadfast, surefooted
10. 耐心	nàixīn	adj.	patient
11. 出于	chūyú	v.	to stem from, to be motivated by
12. 心脏病	xīnzàngbìng	n.	heart disease
13. 发作	fāzuò	v.	to break out
14. 专心	zhuānxīn	adj.	concentrated, engrossed
15. 立即	lìjí	adv.	immediately
16. 心疼	xīnténg	v.	to feel painful, to be tormented
17. 决心	juéxīn	v./n.	to make up one's mind; determination
18. 刻苦	kèkǔ	adj.	hardworking
19. 以	yǐ	conj.	in order to

Notes 注释

1. 父亲希望他找份稳定的工作，踏踏实实地生活。

   形容词重叠，表示程度加深，可以在句中做谓语、定语、状语和补语。

2. 虽然父母仍然无法接受，但是出于对孩子的爱，他们还是选择了支持。

   "出于"，指（言行）从某一角度、方面出发，常用来表示原因。

Text retelling 复述课文

电视上，申旭阔正在……，他穿着……，动作……。电视机前，父母……，生气地……。

回到家里以后，父亲再次反对……，希望他……，……。

申旭阔耐心地……，虽然父母……，但是……，他们还是……。

一次……，父亲……，需要……。为了……，母亲……。比赛结束后，申旭阔才……，既……又……。为了……，他……，以取得……。

Grammar 学习语法

Supplementary new words (1) 扩展生词（一） 09-3

1. 汤	tāng	n.	soup
2. 浓	nóng	adj.	thick, dense
3. 丑	chǒu	adj.	ugly
4. 匆忙	cōngmáng	adj.	hurried, rushed
5. 英俊	yīngjùn	adj.	handsome
6. 眉毛	méimao	n.	eyebrow
7. 利益	lìyì	n.	benefit, interest
8. 提前	tíqián	v.	to bring forward, to advance
9. 公布	gōngbù	v.	to announce, to make public
10. 行程	xíngchéng	n.	schedule, itinerary
11. 赞美	zànměi	v.	to praise, to extol
12. 目的	mùdì	n.	purpose, aim

（一）形容词重叠 09-4

1. 朗读下列句子，画出其中的形容词重叠形式。

（1）父亲希望他找份稳定的工作，踏踏实实地生活。
（2）我母亲喜欢把汤做得浓浓的。
（3）虽然我家的小猫丑丑的，可是我还是很爱它。
（4）他匆匆忙忙地离开了，一定有急事。
（5）这个小伙子很英俊，浓浓的眉毛、大大的眼睛、高高的鼻子。

2. 根据提示词，用形容词重叠形式完成句子，然后朗读。

（1）妈妈把我的白衬衫洗得＿＿＿＿＿＿＿＿＿的。（白）
（2）教室里＿＿＿＿＿＿＿＿＿的，没有一点儿声音。（安静）
（3）每次老板问他问题，他都＿＿＿＿＿＿＿＿＿地回答。（老实）
（4）他今天穿了一件＿＿＿＿＿＿＿＿＿的毛衣。（厚）
（5）现代人每天的生活都＿＿＿＿＿＿＿＿＿的，需要偶尔放松一下。（忙碌）

（二）出于 09-5

1. 朗读下列句子，画出“出于”后面的词语。

（1）虽然父母仍然无法接受，但是出于对孩子的爱，他们还是选择了支持。
（2）出于利益的考虑，银行不鼓励大家提前还钱。
（3）出于安全原因，政府拒绝公布总统的行程。
（4）有时，赞美是出于客气，出于礼貌，甚至是出于习惯。
（5）你这么做是出于什么目的？

2. 连线成句，然后朗读。

（1）出于安全考虑，	我送了刘先生一份礼物。
（2）出于社会责任，	他参加了学校的甲骨文研究会。
（3）出于对父母的关心，	小孙每年带他们去检查一次身体。
（4）出于爱好，	服务员决定把这件事告诉给大家。
（5）出于感激，	一定不要酒后开车。

Supplementary new words (2) 扩展生词（二） 09-6

1. 微电影	wēi diànyǐng		micro movie
2. 爵士舞	juéshìwǔ	n.	jazzy dance
3. 危险	wēixiǎn	n.	danger
4. 孝顺	xiàoshùn	v.	to show filial piety
5. 内心	nèixīn	n.	heart, innermost being
6. 坚定	jiāndìng	adj.	firm, determined

一、判断正误。

1. 这些大学生来自南京。（　　）
2. 这些大学生都来自同一个大学。（　　）
3. 申旭阔去年八月参加了一个很重要的舞蹈比赛。（　　）
4. 申旭阔希望所有人都有跳舞的梦想。（　　）

二、选择正确答案。

1. 他们的梦想是什么？（　　）
   A. 跟蔡依林拍一部微电影
   B. 跟大家讲讲自己的故事
   C. 跟蔡依林一起学习跳舞
   D. 跟蔡依林一起看微电影
2. 他们最想得到谁的支持？（　　）
   A. 观众　　B. 同学　　C. 父母　　D. 老师
3. 申旭阔的爸爸生病以后：（　　）
   A. 妈妈让申旭阔回家　　B. 申旭阔放弃了比赛
   C. 妈妈没告诉申旭阔　　D. 申旭阔带他做手术
4. 主持人觉得申旭阔怎么样？（　　）
   A. 不太孝顺　　B. 内心坚定　　C. 非常伟大　　D. 很爱父母

三、回答问题。

1. 申旭阔给我们讲了一个什么故事？
2. “时代就是在一代看不惯一代的前提下，向前发展的。”你怎么理解这句话？

Oral practice 口语表达

你的梦想是什么？如果父母不支持你的梦想，你会怎么办？

Lesson 10

优秀志愿者

Amazing volunteers

Text 课文

借助生词表，快速浏览课文后回答问题：
柳燕会什么时候把书送到山村学校？

10-1

柳燕（Liǔ Yàn）是西北大学的一名研究生，她热心公益活动，在活动中认识了一群志愿者朋友。

每到周六，柳燕都会跟朋友们一起去大学校园和社区收集图书，晚上她常常花一个通宵，把大家捐来的图书精心分类。周日，她和朋友们坐着公交车，颠簸几个小时，把书送到偏远的山村学校。

到了学校，他们刚把书摆到课桌上，孩子们就围上来，挑选出自己最喜欢的书，然后开心地读起来。柳燕和朋友们走到孩子们中间，听他们朗读，教他们识字，帮他们理解故事情节，还不时跟孩子们交流自己的读书体会。孩子们都说，这样的星期天是他们最快乐的时光。

Answer the questions 回答问题

1. 介绍一下柳燕。
（研究生、热心、认识）
2. 周末柳燕和朋友们会做什么？
（收集、通宵、分类、公交车、颠簸、山村学校）
3. 到了学校以后，柳燕和朋友们会做什么？
（摆、围、挑选、读、走、听、教、理解、交流）

New words 生词 10-2

1. 热心 rèxīn adj. earnest, warmhearted
2. 公益 gōngyì n. public welfare
3. 群 qún m. group, crowd
4. 校园 xiàoyuán n. campus, schoolyard
5. 社区 shèqū n. community
6. 通宵 tōngxiāo n. whole night, all night
7. 捐 juān v. to donate
8. 精心 jīngxīn adj. elaborate, meticulous
9. 分类 fēn lèi v. to classify, to categorize
10. 公交车 gōngjiāochē n. bus
11. 颠簸 diānbǒ v. to jolt, to bump
12. 偏远 piānyuǎn adj. remote, faraway
13. 山村 shāncūn n. mountain village
14. 挑选 tiāoxuǎn v. to choose, to select
15. 然后 ránhòu conj. then, after that
16. 朗读 lǎngdú v. to read aloud
17. 识字 shí zì v. to learn to read, to become literate
18. 情节 qíngjié n. plot, storyline
19. 不时 bùshí adv. from time to time
20. 体会 tǐhuì n./v. understanding, feeling; to learn from experience, to realize

Proper nouns 专有名词

西北大学 Xīběi Dàxué Northwest University

Notes 注释

1. 孩子们挑选出自己最喜欢的书，然后开心地读起来。

   “然后”，连词，表示一件事情之后接着又发生另一件事情。

2. 柳燕和朋友们还不时跟孩子们交流自己的读书体会。

   “不时”，副词，表示间隔不长而不断地重复发生。

Text retelling 复述课文

柳燕是……，她热心……，在活动中……。

每到周六，柳燕……，晚上……，把……。周日，她和朋友们……，颠簸……，把书送到……。

到了学校，他们刚把书……，孩子们就……，挑选出……，然后……。柳燕和朋友们……，听他们朗读，教他们……，帮他们……，还不时……。孩子们都说，这样的星期天是……。

Grammar 学习语法

Supplementary new words (1) 扩展生词（一） 10-3

1. 采	cǎi	v.	to pick, to pluck
2. 派	pài	v.	to assign, to appoint
3. 画笔	huàbǐ	n.	paintbrush
4. 脑袋	nǎodai	n.	head
5. 附和	fùhè	v.	to echo, to chime in with
6. 扶	fú	v.	to support with the hand
7. 啦啦队	lālāduì	n.	cheerleaders, cheering squad
8. 啦啦操	lālācāo	n.	cheerleading dance
9. 抛接	pāo jiē		to throw and catch
10. 翻转	fānzhuǎn	v.	to overturn, to flip

（一）然后 10-4

1. 朗读下列句子，画出“然后”后面的词语。

（1）孩子们挑选出自己最喜欢的书，然后<u>开心地读起来</u>。

（2）今天我们先爬山，然后采茶。

（3）体育老师让我们先活动活动，然后开始打太极拳。

（4）三年前，公司安排我学习汉语，然后派我来中国工作。

（5）他支起画架，然后拿出画笔给我画像。

2. 用“然后”完成句子，然后朗读。

（1）昨天我们一家人一起吃了饭，____________________。

（2）这个问题我们要研究一下，____________________。

（3）我先去加油站加油，____________________。

（4）你先把米饭做好，____________________。

（5）柳燕坐了一个小时公交车，____________________。

（二）不时 10-5

1. 朗读下列句子，画出“不时”后面的词语。

（1）柳燕和朋友们还不时<u>跟孩子们交流自己的读书体会</u>。

（2）他正在跟小狗一起玩儿，不时拍拍它的脑袋。

（3）经理听着我说话，不时附和两句。

（4）这个考官说话时，不时用手扶一下眼镜。

（5）啦啦队员们随着音乐表演啦啦操，不时做出抛接、翻转等动作。

2. 根据提示词，用“不时”完成句子，然后朗读。

（1）他____________________，看看大哥来了没有。（站）

（2）爸爸拿着行李往前走，____________________。（回头）

（3）树林里，____________________。（传来）

（4）听讲座时，她____________________。（记）

（5）李教授正在翻译一篇文章，____________________。（翻）

Supplementary new words (2) 扩展生词（二） 10-6

1. 即将	jíjiāng	adv.	soon, about to	
2. 保研	bǎo yán		to be recommended for admission to a graduate school	
3. 辅导	fǔdǎo	v.	to tutor	
4. 走访	zǒufǎng	v.	to pay a visit to, to have an interview with	
5. 贫困	pínkùn	adj.	poor, poverty-stricken	
6. 传单	chuándān	n.	flyer, leaflet	
7. 连续	liánxù	v.	to be successive, to be in a row	
8. 称号	chēnghào	n.	title	
9. 拍摄	pāishè	v.	to shoot (a movie, etc.)	

一、判断正误。

1. 柳燕已经研究生毕业了。（　　）
2. 柳燕现在在厦门大学读书。（　　）
3. 柳燕的生活丰富多彩。（　　）
4. 很多人都很感谢柳燕。（　　）

二、选择正确答案。

1. 关于柳燕，下列说法正确的是：（　　）
   A. 她找到工作了　　B. 她在不断应聘
   C. 她在厦门生活　　D. 她在山村工作
2. 根据视频，柳燕做过的公益活动不包括：（　　）
   A. 给孩子做阅读辅导　　B. 走访贫困的大学生
   C. 为公益事业发传单　　D. 帮助大学生找工作
3. 柳燕已经连续几年获得优秀志愿者的称号？（　　）
   A. 两年　　B. 三年　　C. 四年　　D. 五年
4. 关于柳燕参与拍摄的 MV，下列说法正确的是：（　　）
   A. 钟汉良也参与了拍摄　　B. 这个 MV 拍摄失败了
   C. 这个 MV 年初完成了　　D. 柳燕没有邀请钟汉良

三、回答问题。

1. 柳燕都参与过哪些公益活动？
2. 如果让你拍摄一个环保公益宣传片，你会如何设计？

Oral practice 口语表达

介绍一个你了解的公益组织。

Lesson 11

老姐妹艺术团

Old Sisters' Art Troupe

Text 课文

借助生词表，快速浏览课文后回答问题：
丁家珍鼓励小区里的老年人做什么？

11-1

丁家珍（Dīng Jiāzhēn）今年六十八岁了，女儿是个电视明星。她跟着女儿拍过电视，参加过娱乐节目，老年生活充实而快乐。

小区里还有很多跟丁家珍年龄差不多的老年人，生活孤单、寂寞。丁家珍鼓励这些老年人走出家门。在她的带领下，老人们不但重新捡起了自己唱过的老歌，还学会了流行歌曲，不但跳起了广场舞，还学会了交谊舞。从此，他们就没时间再抱怨老伴儿把菜炒咸了，也忘了孙子惹自己生气了。心情好了，就吃得香、睡得好了，身上的毛病也没有了。

跟丁家珍一起玩儿的老年人越来越多，于是他们成立了一个艺术团。丁家珍给艺术团起了个亲切的名字——老姐妹艺术团。这些老伙伴们经常排练节目，定期去养老院义务演出，把快乐带给更多的老年朋友。

Answer the questions 回答问题

1. 介绍一下丁家珍。
   （六十八岁、女儿、拍电视、参加、老年生活）
2. 在丁家珍的带领下，小区里老人的生活发生了什么变化？
   （孤单、鼓励、重新、抱怨、忘、心情、毛病）
3. 丁家珍成立的艺术团叫什么名字？他们经常做什么？
   （亲切、排练、演出、带给）

New words 生词 11-2

1. 明星	míngxīng	n.	star, celebrity	11. 抱怨	bàoyuàn	v.	to complain
2. 娱乐	yúlè	n.	entertainment	12. 老伴儿	lǎobànr	n.	(of elderly people) husband or wife
3. 小区	xiǎoqū	n.	housing estate	13. 炒	chǎo	v.	to stir-fry
4. 孤单	gūdān	adj.	alone, lonely	14. 惹	rě	v.	to offend, to provoke
5. 寂寞	jìmò	adj.	lonely	15. 毛病	máobìng	n.	defect, shortcoming
6. 重新	chóngxīn	adv.	again, once more	16. 成立	chénglì	v.	to found, to establish
7. 歌曲	gēqǔ	n.	song	17. 伙伴	huǒbàn	n.	partner, companion
8. 广场舞	guǎngchǎngwǔ	n.	square dancing (in China)	18. 排练	páiliàn	v.	to rehearse
9. 交谊舞	jiāoyìwǔ	n.	social dance	19. 定期	dìngqī	adj.	regular, at regular intervals
10. 从此	cóngcǐ	adv.	from then on	20. 养老院	yǎnglǎoyuàn	n.	old people's home

Notes 注释

1. 在她的带领下，老人们不但重新捡起了自己唱过的老歌，还学会了流行歌曲。

   "在……下"，表示条件，中间一般是"人（组织）+ 的 + 双音节动词"。

2. 从此，他们就没时间再抱怨老伴儿把菜炒咸了，也忘了孙子惹自己生气了。

   "没时间 + v."，表示没有时间做某事。

Text retelling 复述课文

丁家珍今年……，女儿是……。她跟着女儿……，参加过……，老年生活……。

小区里……，生活……。丁家珍鼓励……。在……下，老人们不但……，还……，不但……，还……。从此，他们就没时间……，也忘了……。心情好了，就……，身上的毛病也……。

跟……一起……，于是……。丁家珍给艺术团……。这些老伙伴们经常……，定期……，把……。

Grammar 学习语法

Supplementary new words (1) 扩展生词（一） 11-3

1. 压	yā	v.	to press
2. 水泥板	shuǐníbǎn	n.	cement slab
3. 队友	duìyǒu	n.	teammate
4. 对手	duìshǒu	n.	opponent, rival
5. 终点	zhōngdiǎn	n.	terminal, destination
6. 领导	lǐngdǎo	v.	to lead
7. 克服	kèfú	v.	to overcome
8. 保险	bǎoxiǎn	n.	insurance
9. 蝴蝶	húdié	n.	butterfly
10. 楼顶	lóudǐng	n.	rooftop
11. 鸽子	gēzi	n.	pigeon, dove

（一）在……下 11-4

1. 朗读下列句子，画出“在……下”中间的词语。

（1）在她的带领下，老人们不但重新捡起了自己唱过的老歌，还学会了流行歌曲。
（2）在公益组织的帮助下，小女孩儿安全地回到了家。
（3）在大家的帮助下，我把压在水泥板下的小狗救了出来。
（4）在队友的鼓励下，德国队员超过了前面的对手，第一个跑到了终点。
（5）在校长的领导下，我们克服了很多困难，取得了很大成绩。

2. 根据提示词，用“在……下”完成句子，然后朗读。

（1）____________________，学长顺利地完成了论文。（指导）
（2）____________________，大家玩儿得很开心。（带领）
（3）____________________，阿里来到北京学习汉语。（支持）
（4）____________________，女儿的病很快就好了。（照顾）
（5）____________________，邻居小文坚持读完了大学。（帮助）

（二）没时间 + v. 11-5

1. 朗读下列句子，画出“没时间”后面的词语。

（1）从此，他们就没时间再抱怨老伴儿把菜炒咸了，也忘了孙子惹自己生气了。
（2）我最近没时间去给车上保险，你替我办吧。
（3）我突然有点儿事，没时间陪你去蝴蝶博物馆了。
（4）我这几天太忙了，一直没时间去楼顶照顾我的鸽子。
（5）我这几天没时间回家，你帮我喂一下狗吧。

2. 用“没时间”完成句子，然后朗读。

（1）我最近____________________，什么消息都不知道。
（2）爸爸说他____________________，我特别不高兴。
（3）晚饭以后我要赶紧去自习，____________________。
（4）现代人的生活节奏都很快，____________________。
（5）我这学期的课太多了，____________________。

Supplementary new words (2) 扩展生词（二） 11-6

1. 得体	détǐ	adj.	appropriate
2. 精神病院	jīngshénbìngyuàn	n.	mental hospital
3. 团长	tuánzhǎng	n.	regimental commander, team leader
4. 了不起	liǎobuqǐ	adj.	amazing, terrific
5. 拍戏	pāi xì	v.	to make a movie, TV show, etc.
6. 团队	tuánduì	n.	team

一、判断正误。

1. 丁家珍健康快乐。(　　)
2. 丁家珍以前是一名医生。(　　)
3. 丁家珍想让自己的团队都快乐。(　　)
4. 大家投票后，丁家珍的梦想通过了。(　　)

二、选择正确答案。

1. 关于丁家珍，下列说法正确的是：(　　)
   A. 她是湖南人　　B. 喜欢年轻人
   C. 不喜欢唱歌　　D. 今年八十六岁
2. 丁家珍有几个孩子？（　　）
   A. 一个　　B. 二个　　C. 三个　　D. 四个
3. 主持人觉得丁家珍怎么样？（　　）
   A. 过于热情　　B. 不太得体　　C. 没有精神　　D. 很了不起
4. 丁家珍的梦想是什么？（　　）
   A. 让女儿完成自己的梦想
   B. 让姐妹们到舞台上表演
   C. 让女儿跟自己一起拍戏
   D. 让姐妹们跟她一起拍戏

三、回答问题。

1. 丁家珍说完自己的年龄后，主持人说“真的没有看出来”是什么意思？
2. 为什么说丁家珍是“老年人中的年轻人”？

Oral practice 口语表达

你参加过什么社团（shètuán，grap, society, club）？介绍一下这个社团和社团活动。

Lesson 12

的哥的平凡生活

A taxi driver's ordinary life

Text 课文

借助生词表，快速浏览课文后回答问题：
刘文军利用业余时间学习什么？

12-1

刘文军（Liú Wénjūn）是一位北京的哥。开出租车的工作很辛苦。每天清晨出车，在路上一跑就是一天。吃饭也没有规律，中午到了饭点儿，打车的人特别多，通常来不及吃饭；只有过了饭点儿，打车的人少了，才能吃上饭。

虽然工作很辛苦，但是刘文军却感到乐在其中。他利用业余时间学英语。每次碰到外国客人，他都会主动跟他们聊天儿，用英语给他们介绍景点，询问他们对北京的印象，还因此交了不少外国朋友。

刘文军的业余生活也很丰富，每天下班以后，他都会跳上一段舞来放松一下。周六，他还常去舞蹈学院学芭蕾舞，舞蹈已经成了他平衡工作和生活的一种方式。

刘文军说，作为北京的哥，虽然生活很平凡，但是充满了快乐。

Answer the questions 回答问题

1. 为什么说刘文军的工作很辛苦？
   （的哥、清晨、一天、规律、饭点儿、来不及、只有……才……）
2. 刘文军为什么感到乐在其中？
   （业余时间、外国客人、主动、介绍、询问、交朋友）
3. 刘文军的业余生活怎么样？
   （丰富、下班、放松、舞蹈学院、平衡）

New words 生词 12-2

1. 的哥	dīgē	n.	taxi driver
2. 清晨	qīngchén	n.	early morning
3. 出车	chū chē	v.	to be out driving a vehicle
4. 规律	guīlǜ	n.	law, rule, regular pattern
5. 饭点儿	fàndiǎnr	n.	time for a meal
6. 通常	tōngcháng	adv.	generally, usually
7. 来不及	láibují	v.	to have no time to
8. 乐在其中	lèzàiqízhōng		to enjoy sth., to find pleasure in sth.
9. 利用	lìyòng	v.	to use, to make use of
10. 业余	yèyú	adj.	spare (time), leisure
11. 碰	pèng	v.	to encounter, to run across
12. 主动	zhǔdòng	adj.	voluntary, on one's own initiative
13. 景点	jǐngdiǎn	n.	scenic spot
14. 询问	xúnwèn	v.	to ask, to inquire
15. 交	jiāo	v.	to make (friends), to associate
16. 芭蕾舞	bāléiwǔ	n.	ballet
17. 平衡	pínghéng	v.	to balance
18. 作为	zuòwéi	prep.	as, being
19. 平凡	píngfán	adj.	ordinary

Notes 注释

1. 刘文军每天清晨出车，在路上一跑就是一天。

   "一 + v. + 就是……"，表示做某事的时间长或数量多。

2. 中午到了饭点儿，打车的人特别多，他通常来不及吃饭。

   "来不及"，表示因为时间不够而做不到。可以在动词前，也可以单独使用。

Text retelling 复述课文

刘文军是……。开出租车的工作……。每天……，在路上……。吃饭……，中午……，打车的人……，通常……；只有……，打车的人……，才……。

虽然……，但是……。他利用……。每次碰到……，他都会……，用英语……，询问……，还因此……。

刘文军的业余生活……，每天……，他都会……。周六，他还……，舞蹈……。

刘文军说，作为……，虽然……，但是……。

Grammar 学习语法

Supplementary new words (1) 扩展生词（一） 12-3

1. 家务	jiāwù	n.	household duties
2. 沙滩	shātān	n.	sand beach
3. 土豆	tǔdòu	n.	potato
4. 市场	shìchǎng	n.	market
5. 俩	liǎ	num.-cl.	two
6. 高速公路	gāosù gōnglù		expressway
7. 饼干	bǐnggān	n.	biscuit, cookie
8. 点心	diǎnxin	n.	dessert, pastry
9. 开幕式	kāimùshì	n.	opening ceremony

（一）一 + v. + 就是…… 12-4

1. 朗读下列句子，画出其中的"一 + v. + 就是……"结构。

（1）刘文军每天清晨出车，在路上一跑就是一天。
（2）我们部门的小王这段时间总是请假，而且一请就是一个星期。
（3）丈夫一回家就看电视，一看就是一晚上，从来不做家务。
（4）孩子们特别喜欢在沙滩上玩儿，一玩儿就是两三个小时。
（5）妈妈很爱吃土豆，每次去市场，一买就是一大袋儿。

2. 根据提示词，用"一 + v. + 就是……"完成句子，然后朗读。

（1）王经理最近很忙，经常开会，________________。（开）
（2）爷爷特别喜欢听京剧，________________。（听）
（3）小时候，父母每年都带我去海边，________________。（待）
（4）李秘书每天早上都喝咖啡，________________。（喝）
（5）小双经常去图书馆借书，________________。（借）

（二）来不及 12-5

1. 朗读下列句子，画出"来不及"后面的词语。

（1）中午到了饭点儿，打车的人特别多，他通常来不及吃饭。
（2）还有一个小时就开车了，咱们俩来不及去山上看风景了。
（3）会议就要开始了，不走高速公路就来不及了。
（4）我们带点儿饼干或者点心吧，来不及去买吃的了。
（5）开幕式八点开始，来不及回家换衣服了。

2. 连线成句，然后朗读。

（1）我们快走吧，	你就在我这儿住一晚吧。
（2）今天来不及讨论这个问题了，	来不及跟他见面了。
（3）别吸烟了，如果身体出现问题，	后悔就来不及了。
（4）我明天就要回国了，	明天再说吧。
（5）如果来不及今天赶回去，	再不走就来不及了。

"双十一"

进入11月以来，写字楼门口停满了各个快递公司的三轮车，运送的包裹（bāoguǒ，parcel, package）也比原来多了三倍，每个快递员都忙着打电话、送包裹。

以前，11月11日被人们戏称为"光棍儿（guānggùnr，bachelor, single man）节"。近年来，它却成为中国最大的网络购物节。在这一天，各大电商纷纷进行大规模的促销（cùxiāo，to promote sales）活动，吸引人们上网购物。2015年11月11日，网络销售额突破了1200亿元。

电子商务的发展改变了传统的生活方式，衣、食、住、行各个方面的需求都可以通过网络满足，人们的生活变得十分便捷（biànjié，convenient and fast）。这种新型消费模式加速了快递行业的发展，快递跟人们的生活联系得越来越紧密，几乎每个网购的人都跟快递打过交道。快递可以送货上门，为人们节省了很多时间，满足了现代社会快节奏生活的需要，同时便捷的快递服务也会促进大家网购，拉动经济增长。

一、选择正确答案。

1. 下列哪项说法不正确的是：(　　)

A. 11月的快递很多　　B. 11月的光棍儿很多

C. 11月电商有促销　　D. 11月快递员很忙

2. 关于"11月11日"，下列说法不正确的是：(　　)

A. 很多人都会上网购物　　B. 很多商场都会打折

C. 是中国的"光棍儿节"　　D. 是中国的网购节

3. 第二段中"突破"是什么意思？(　　)

A. 完成　　B. 达到　　C. 超过　　D. 不到

4. 电子商务的发展促进了哪个行业的发展？(　　)

A. 服装业　　B. 餐饮业　　C. 快递业　　D. 旅游业

二、回答问题。

1. 电子商务的发展如何改变了传统的生活方式？
2. 快递对我们的生活有什么影响？

三、写作：我的平凡与不平凡。

1. 生活中，你平凡的一面是什么？
2. 生活中，你不平凡的一面是什么？
3. 你对现在的生活满意吗？你有什么梦想？

Lesson 13

大卫的汉语之路

David's story of learning Chinese

Text 课文 借助生词表，快速浏览课文后回答问题：大卫现在在哪儿学习？ 13-1

十年前的一天，在俄罗斯的一个小镇，一个十岁的小男孩儿走进外公的书房。他在书架上发现一本1955年出版的《俄汉词典》，打开一看，里面的文字形态各异，感觉很神秘。这本词典让他爱不释手，心生向往，于是他下决心要学习这种语言。这个小男孩儿就是俄罗斯留学生大卫。

如今大卫在北京语言大学学习，他对汉字的兴趣依然不减，尤其喜欢繁体字。很多复杂的繁体字连中国朋友都得琢磨半天，可是大卫却能熟练地写出来，让人不得不佩服。

大卫还钟情于中医。在他看来，西方人没有接受中医，主要是因为语言不通。因而，他有一个梦想，就是学好汉语，把博大精深的中医介绍到自己的家乡，从而让更多的人了解它，接受它。

Answer the questions 回答问题

1. 大卫为什么要学习汉语？
   （十年前、书房、出版、形态各异、爱不释手、心生向往、下决心）
2. 为什么很多人佩服大卫？
   （依然不减、尤其、复杂、琢磨、熟练）
3. 大卫有什么梦想？
   （钟情、接受、语言不通、博大精深、介绍、了解）

New words 生词 13-2

1. 镇	zhèn	n.	town
2. 外公	wàigōng	n.	maternal grandfather
3. 书房	shūfáng	n.	study (room)
4. 书架	shūjià	n.	bookshelf
5. 文字	wénzì	n.	written language, character
6. 形态各异	xíngtài-gèyì		of various shapes, multifarious
7. 爱不释手	àibúshìshǒu		to be too fond of sth. to let go of it
8. 心生向往	xīnshēng-xiàngwǎng		to begin to long for
9. 依然	yīrán	adv.	still, all the same
10. 减	jiǎn	v.	to reduce, to diminish
11. 繁体字	fántǐzì	n.	the original complex form of a simplified Chinese character
12. 熟练	shúliàn	adj.	proficient, skilled
13. 佩服	pèifú	v.	to admire, to have a high opinion of
14. 钟情	zhōngqíng	v.	to be deeply fond of
15. 在……看来	zài…kànlái		in sb.'s opinion
16. 主要	zhǔyào	adj.	main, major
17. 通	tōng	v.	to understand, to know
18. 因而	yīn'ér	conj.	therefore, as a result
19. 博大精深	bódà-jīngshēn		extensive and profound
20. 从而	cóng'ér	conj.	thus, thereby, so that

Proper nouns 专有名词

1. 俄罗斯	Éluósī	Russia
2. 北京语言大学	Běijīng Yǔyán Dàxué	Beijing Language and Culture University

Notes 注释

1. 这本词典让他爱不释手。

　　"让……爱不释手"，表示因喜爱而舍不得放下，非常喜欢的意思。

2. 在他看来，西方人没有接受中医，主要是因为语言不通。

　　"在……看来"，表示这是某人的意见或看法。

Text retelling 复述课文

十年前的一天，在俄罗斯……，一个……。他在书架上发现……，打开一看，里面的文字……，感觉……。这本词典……，心生向往，于是……。这个小男孩儿就是……。

如今……，他对汉字……，尤其喜欢……。很多……，可是大卫却……，让人……。

大卫还……。在他看来，西方人……，主要是因为……。因而，他有一个梦想，就是……，把……，从而……，……。

Grammar 学习语法

Supplementary new words (1) 扩展生词（一） 13-3

1. 耳环	ěrhuán	n.	earring
2. 精美	jīngměi	adj.	beautiful, exquisite, delicate
3. 十字绣	shízìxiù	n.	cross-stitch, a form of sewing and embroidery
4. 玩具	wánjù	n.	toy
5. 随身	suíshēn	adj.	(to take) with one, (to carry) personally
6. 关于	guānyú	prep.	about, on
7. 哲学	zhéxué	n.	philosophy
8. 平安	píng'ān	adj.	safe
9. 媒体	méitǐ	n.	media
10. 冒险	mào xiǎn	v.	to take a risk
11. 要紧	yàojǐn	adj.	important
12. 吃亏	chī kuī	v.	to suffer losses

（一）让……爱不释手 13-4

1. 朗读下列句子，画出其中的“让……爱不释手”结构。

（1）这本词典让他爱不释手。
（2）这对耳环让我的女朋友爱不释手。
（3）这些制作精美的十字绣让很多顾客都爱不释手。
（4）这个新玩具让弟弟爱不释手，他每天都随身带着。
（5）这本关于哲学的书让刘老师爱不释手。

2. 连线成句，然后朗读。

（1）这本《红楼梦》让儿子爱不释手，	让很多女孩子都爱不释手。
（2）我们的新产品让经理爱不释手，	却让我爱不释手。
（3）这件礼物虽然便宜，	左看右看，还不时称赞两句。
（4）姐姐在书店里一待就是一天，	他已经读过好几遍了。
（5）这条项链特别漂亮，	很多书都让她爱不释手。

（二）在……看来 13-5

1. 朗读下列句子，画出其中的“在……看来”结构。

（1）在他看来，西方人没有接受中医，主要是因为语言不通。
（2）在妈妈看来，健康、平安就是最大的财富。
（3）在媒体看来，总理做这个决定是一种冒险。
（4）在我看来，选择职业时，赚钱多少不要紧，兴趣才是最重要的。
（5）在很多人看来，有时候吃亏是件好事。

2. 用“在……看来”改写下列句子，然后朗读。

（1）王经理认为时间就是财富。
（2）你觉得幸福是什么？
（3）我觉得男人和女人在性格上有很大的不同。
（4）教练觉得这场比赛的结果不重要，重要的是队员得到了锻炼。
（5）很多人觉得只有年轻人喜欢流行音乐，其实不少老年人也喜欢。

Supplementary new words (2) 扩展生词（二） 13-6

1. 肠胃 chángwèi n. intestines and stomach
2. 学生会 xuéshēnghuì n. students' union
3. 正 zhèng adj. chief, prime, principal
4. 副 fù adj. assistant, deputy, vice-
5. 主席 zhǔxí n. chairman

一、判断正误。

1. 大卫自我介绍的时候写的是繁体字。（ ）
2. 大卫是大二的学生。（ ）
3. 大卫的外公常常来中国看中医。（ ）
4. 大卫的书房里有很多关于中国的书。（ ）

二、选择正确答案。

1. 大卫表演的节目是：（ ）
   A. 唱歌　B. 跳舞　C. 写汉字　D. 讲故事
2. 大卫在黑板上写了什么？（ ）
   A. 自己的名字　B. 自己的梦想　C. 自己的学校　D. 中国梦想秀
3. 根据视频，下列说法正确的是：（ ）
   A. 以前大卫的肠胃不太好
   B. 大卫觉得自己长得最帅
   C. 大卫觉得中国汉字最帅
   D. 大卫是学生会的正主席
4. 关于大卫的梦想，下列说法正确的是：（ ）
   A. 想编写一本俄汉字典　B. 想让外公来中国旅游
   C. 想当学生会正主席　D. 想把中医介绍到俄罗斯

三、回答问题。

1. 介绍一下大卫学习汉语的原因和他的梦想。
2. 你知道繁体字吗？你会写哪些繁体字？

Oral practice 口语表达

说说你的汉语学习之路。

Lesson 14

追星星的人

The man who goes after the stars

Text 课文

借助生词表，快速浏览课文后回答问题：
傅定彦觉得最美的星空在哪儿？

14-1

傅定彦（Fù Dìngyàn）来自重庆，是一名职业摄影师。他喜欢拍摄星空，他的梦想是拍下最美的星空。

秋天，他来到内蒙古的戈壁滩。湛蓝的天空下，高大的胡杨林就像一块金黄色的绸缎似的，铺在一望无际的沙漠上。晚上，他坐在胡杨树下，仰望天空，繁星点点。傅定彦举起相机，拍下了戈壁美丽的夜空。

冬天，他来到新疆禾木。那里白茫茫的一片，一眼望不到边。夜晚，天空中的星星一闪一闪的，像装饰在蓝色天鹅绒上的宝石。傅定彦拿起相机，拍下了边疆美丽的星空。

傅定彦说，无论走到哪里，都能看到美丽的星空，而最美的星空总在下一站。因此，他不会停下来，将继续追着星星的脚步，走向更多、更远的地方。

Answer the questions

回答问题

1. 介绍一下傅定彦。
   （来自、摄影师、星空、梦想）
2. 秋天，傅定彦去了哪儿？那里的景色怎么样？
   （戈壁滩、天空、胡杨林、沙漠、仰望、繁星、举起）
3. 冬天，傅定彦去了哪儿？那里的景色怎么样？
   （禾木、白茫茫、望、闪、装饰、宝石、拿起）

New words 生词 14-2

1. 摄影师	shèyǐngshī	n.	photographer
2. 湛蓝	zhànlán	adj.	azure, sky blue
3. 金黄	jīnhuáng	adj.	golden
4. 绸缎	chóuduàn	n.	silk, satin
5. 似的	shìde	part.	like, as if
6. 铺	pū	v.	to pave, to spread
7. 一望无际	yíwàng-wújì		to stretch as far as the eye can see
8. 仰望	yǎngwàng	v.	to look up at
9. 繁星	fánxīng	n.	stars
10. 戈壁滩	gēbìtān	n.	Gobi Desert
11. 白茫茫	báimángmáng	adj.	vast expanse of whiteness
12. 边	biān	n.	edge
13. 闪	shǎn	v.	to twinkle, to glitter
14. 装饰	zhuāngshì	v.	to decorate, to adorn
15. 天鹅绒	tiān'éróng	n.	velvet
16. 宝石	bǎoshí	n.	gemstone, jewel
17. 边疆	biānjiāng	n.	frontier, borderland
18. 将	jiāng	adv.	will, about to
19. 脚步	jiǎobù	n.	footstep

Proper nouns 专有名词

1. 重庆	Chóngqìng	Chongqing, a municipality in China
2. 新疆	Xīnjiāng	Xinjiang Uygur Autonomous Region, a provincial-level autonomous region of China
3. 禾木	Hémù	Hemu, a village in Xinjiang

Notes 注释

1. 高大的胡杨林就像一块金黄色的绸缎似的。

   "像……似的"，表示跟某种事物、情况相似。

2. 他不会停下来，将继续追着星星的脚步，走向更多、更远的地方。

   "继续"，动词，表示做下去，不间断。

Text retelling 复述课文

傅定彦来自……，是……。他喜欢……，他的梦想是……。

秋天，他来到……。湛蓝的……，高大的胡杨林……，铺在……。晚上，他坐在……，仰望……，繁星……。傅定彦举起……，拍下了……。

冬天，他来到……。那里……，一眼……。夜晚，天空中的星星……，像……。傅定彦拿起……，拍下了……。

傅定彦说，无论……，都能……，而最美的星空……。因此，他不会……，将……，走向……。

Grammar 学习语法

Supplementary new words (1) 扩展生词（一） 14-3

1. 报到 bào dào v. to check in, to report for duty
2. 跌跌撞撞 diēdiēzhuàngzhuàng stumbling, tottering
3. 醉 zuì v. to be drunk
4. 辞职 cí zhí v. to quit one's job
5. 睁 zhēng v. to open (one's eyes)
6. 奋斗 fèndòu v. to strive, to work hard
7. 合理 hélǐ adj. reasonable, rational
8. 假装 jiǎzhuāng v. to pretend
9. 条件 tiáojiàn n. condition
10. 导致 dǎozhì v. to cause, to lead to

（一）像……似的 14-4

1. 朗读下列句子，画出“像……似的”中间的词语。

（1）高大的胡杨林就像一块金黄色的绸缎似的。

（2）报到的时候，小丽像一阵风似的跑了进来。

（3）王师傅走路跌跌撞撞的，像喝醉了酒似的。

（4）辞职以后，我爱人像变了一个人似的。

（5）母亲慢慢地睁开眼睛，像刚睡醒似的。

2. 根据提示词，用“像……似的”完成句子，然后朗读。

（1）他们两个关系很好，____________。（亲兄弟）

（2）我不敢相信这是真的，____________。（做梦）

（3）发型一变，人也____________。（年轻）

（4）他说话声音特别小，像____________。（害怕）

（5）小女孩儿脸一下子红了，____________。（红苹果）

（二）继续 14-5

1. 朗读下列句子，画出“继续”后面的词语。

（1）他不会停下来，将继续追着星星的脚步，走向更多、更远的地方。

（2）碰到困难，马大夫没有放弃，而是选择了继续奋斗。

（3）垃圾处理收费制度还不够合理，需要继续完善。

（4）女朋友假装没听见我说话，继续看书。

（5）由于对方提出的条件太高，导致合作不能继续。

2. 根据提示词，用“继续”完成句子，然后朗读。

（1）雨停了以后，____________。（进行）

（2）已经三个多小时了，____________。（手术）

（3）今天就到这儿吧，明天再____________。（实验）

（4）跟我说了两句话以后，儿子又戴上了耳机，____________。（听音乐）

（5）跟你一起工作很开心，希望____________。（合作）

2 Audiovisual and speaking exercises 视听说练习 14

Supplementary new words (2) 扩展生词（二） 14-6

1. 收留	shōuliú	v.	to take sb. in, to have sb. in one's care
2. 流星雨	liúxīngyǔ	n.	meteor shower
3. 完美	wánměi	adj.	perfect
4. 经费	jīngfèi	n.	fund, expenditure
5. 设备	shèbèi	n.	equipment, facility
6. 住宿	zhùsù	v.	to get accommodation, to stay, to board

一、判断正误。

1. 傅定彦三十岁的时候辞去了自己的工作。（　　）
2. 傅定彦已经拍了几百万张照片。（　　）
3. 傅定彦在新疆拍摄的时候住在亲戚家。（　　）
4. 傅定彦以前拍过流星雨的照片。（　　）

二、选择正确答案。

1. 下面哪个地方在视频中没有出现？（　　）
   A. 重庆　　B. 新疆　　C. 西藏　　D. 内蒙古
2. 傅定彦的爸爸给他打电话问什么？（　　）
   A. 现在到哪儿了　　B. 吃饭了没有
   C. 感冒好了没有　　D. 什么时候回家
3. 他为什么想去玻利维亚拍摄？（　　）
   A. 那里是拍摄星空最好的地方
   B. 那里可以买到最好的照相机
   C. 他以前拍摄的照片不太完美
   D. 他以前拍摄照片时不够自信
4. 下列哪项不是梦想助力团对他的支持？（　　）
   A. 机票　　B. 经费　　C. 住宿　　D. 设备

三、回答问题。

1. 傅定彦在拍摄星空时遇到过哪些困难？
2. 在你看来，“旅行的意义”是什么？

Oral practice 口语表达

介绍一张在你看来最有意义的照片。

Lesson 15

花儿与少年

Hua'er folk songs and the young Hua'er lover

Text 课文

借助生词表，快速浏览课文后回答问题：
现在的年轻人喜欢唱花儿吗？

15-1

在中国西北，老百姓干活儿的时候，习惯即兴唱上几句民歌。歌里唱的是他们的所看、所想以及生活的艰难。有人说这里的民歌不是“唱出来的”，而是“哭出来的”。不过，它却有一个非常美好的名字——“花儿”。

花儿作为一种原生态的演唱形式，是一份珍贵的艺术遗产，但是如今的年轻人却逐渐对它失去了兴趣，学唱花儿、会唱花儿的人越来越少。

冶文杰（Yě Wénjié）对花儿有着很深的感情，他不想让这份遗产自生自灭。大学毕业后，他放弃了城里稳定的工作，来到花儿的发源地，一门心思地学习花儿，只靠在饭馆儿里打工的收入勉强维持生活。

冶文杰希望花儿能重新绽放，一代代唱下去，直到永远。

Answer the questions

回答问题

1. 介绍一下花儿。
（西北、即兴、以及、哭出来、原生态、艺术遗产）
2. 冶文杰大学毕业后做什么了？
（放弃、发源地、一门心思、维持）
3. 冶文杰对花儿的感情怎么样？他有什么梦想？
（深、自生自灭、绽放、一代代、永远）

New words 生词 15-2

1. 花儿 huā'ér n. Hua'er folk song
2. 少年 shàonián n. teenager, young man
3. 干活儿 gànhuór v. to work
4. 以及 yǐjí conj. and, as well as
5. 艰难 jiānnán adj. hard, difficult
6. 原生态 yuánshēngtài n. primordial state
7. 形式 xíngshì n. form
8. 珍贵 zhēnguì adj. precious
9. 遗产 yíchǎn n. heritage
10. 失去 shīqù v. to lose
11. 感情 gǎnqíng n. feeling, affection
12. 自生自灭 zìshēng-zìmiè to grow and die without outside interference
13. 发源地 fāyuándì n. birthplace, cradle
14. 一门心思 yìmén-xīnsi to have one's mind set on, to be obsessed with
15. 勉强 miǎnqiǎng adj. barely (enough)
16. 维持 wéichí v. to keep, to maintain
17. 绽放 zhànfàng v. to bloom, to blossom
18. 代 dài n. generation
19. 直 zhí adv. continuously

Notes 注释

1. 冶文杰只靠在饭馆儿里打工的收入勉强维持生活。

   "勉强"，形容词，表示虽然不满意，但是还可以接受。

2. 冶文杰希望花儿能重新绽放，一代代唱下去，直到永远。

   "v. + 下去"，表示继续进行或存在。

Text retelling 复述课文

在中国西北，老百姓……，习惯……。歌里唱的是……。有人说……不是……，而是……。不过，它却……。

花儿作为……，是……，但是……，……越来越少。

冶文杰对花儿……，他不想……。大学毕业后，他放弃了……，来到……，一门心思地……，只靠……。

冶文杰希望……，……，直到永远。

Grammar 学习语法

Supplementary new words (1) 扩展生词（一） 15-3

1. 及格	jí gé	v.	to pass (an exam)
2. 家具	jiājù	n.	furniture
3. 合格	hégé	adj.	qualified, up to standard
4. 公寓	gōngyù	n.	apartment
5. 达到	dá dào	v.	to reach, to achieve
6. 争论	zhēnglùn	v.	to argue, to dispute
7. 的确	díquè	adv.	truly, indeed
8. 道理	dàolǐ	n.	reason, sense
9. 趋势	qūshì	n.	trend, tendency
10. 后果	hòuguǒ	n.	(bad) consequence
11. 日子	rìzi	n.	day
12. 熬夜	áo yè	v.	to stay up late

（一）勉强 15-4

1. 朗读下列句子，画出“勉强”后面的词语。

（1）冶文杰只靠在饭馆儿里打工的收入勉强维持生活。
（2）这样的回答，只能算是勉强及格。
（3）这批家具质量一般，勉强合格。
（4）这套公寓不太大，我们三个人勉强能住下。
（5）这篇论文，勉强达到老师的要求。

2. 连词成句，然后朗读。

（1）菜做得不太熟，	勉强够花。
（2）这个电脑太慢了，	我们只能勉强吃一天。
（3）老师说我这篇文章翻译得一般，	勉强合格。
（4）这么点儿吃的，	勉强能用。
（5）王秘书的工资不高，	勉强能吃。

（二）v. + 下去 15-5

1. 朗读下列句子，画出其中的“v. + 下去”结构。

（1）冶文杰希望花儿能重新绽放，一代代唱下去，直到永远。
（2）你们这样争论下去，是不会有结果的。
（3）大夫说的话的确很有道理，请他继续说下去吧。
（4）如果气候变暖的趋势继续下去，后果将十分严重。
（5）这些日子太辛苦了，每天都得熬夜，我干不下去了。

2. 根据提示词，用“v. + 下去”完成句子，然后朗读。

（1）这本小说太没意思了，我____________________。（看）
（2）就把这儿当成你的家吧，你可以____________________。（住）
（3）我很喜欢中国画儿，我会____________________。（学）
（4）如果你的头再____________________，就得去医院看看了。（疼）
（5）弟弟唱得太难听了，我____________________。（听）

Supplementary new words (2) 扩展生词（二） 15-6

1. 上菜	shàng cài		to serve the dishes
2. 拉面	lā miàn		to make hand-pulled noodles
3. 接触	jiēchù	v.	to get into contact with
4. 悲凉	bēiliáng	adj.	sad, dismal
5. 广	guǎng	adj.	wide, broad
6. 难得	nándé	adj.	rare, hard to come by

一、判断正误。

1. 冶文杰在大学里接触到花儿。（　　）
2. 冶文杰边打工边学花儿。（　　）
3. 在中国，只有几个民族唱花儿。（　　）
4. 《花儿与少年》是一首歌的名字。（　　）

二、选择正确答案。

1. 根据视频，冶文杰在饭店里没有做什么？（　　）
   A. 点菜　　B. 上菜　　C. 拉面　　D. 收费
2. 关于冶文杰的第一份工作，下列说法正确的是：（　　）
   A. 2012 年开始工作　　B. 这个工作不稳定
   C. 领导对他不重视　　D. 他常去参加演唱
3. 冶文杰做过什么工作？（　　）
   A. 老板和邮递员　　B. 工人和服务员
   C. 经理和服务员　　D. 演员和售货员
4. 关于花儿，下列说法错误的是：（　　）
   A. 比较悲凉　　B. 比较难唱　　C. 边哭边唱　　D. 传播不广

三、回答问题。

1. 介绍一下冶文杰的经历。
2. 为什么说冶文杰坚持唱花儿非常难得？

Oral practice 口语表达

介绍你们国家的一种艺术形式。

Lesson 16

有困难找警察

Go to the police when in trouble

Text 课文 借助生词表，快速浏览课文后回答问题：王大姐订到宾馆了吗？ 16-1

王大姐到深圳办事，本来以为下午就能把事办完，坐车回家；没想到事情办得并不顺利，需要在深圳耽搁一天。没办法，王大姐临时决定找个宾馆住下。

由于当天是周末，王大姐找了几家宾馆，但都被订满了。已经是深夜十一点了，她非常着急，自己在这里人生地不熟，该怎么办呢？王大姐路过一个派出所，这时她忽然想起了"有困难找警察"这句话。虽然她没跟警察打过交道，但是她抱着试试看的心理，敲开了派出所的门。

值班警察小李了解了王大姐的情况后，连忙把宿舍腾了出来，让她在那里休息。早上临走的时候，王大姐再三向小李表示感谢。回到老家后，王大姐经常跟身边的人说起这次经历，还提醒大家有了困难，一定记着去找警察。

Answer the questions 回答问题

1. 王大姐为什么要找宾馆？
   （办事、本来、没想到、需要、临时）
2. 找不到宾馆，王大姐怎么办？
   （着急、人生地不熟、想起、打交道、试试看、敲）
3. 王大姐为什么要感谢小李？
   （值班、腾、休息、临走、再三）

New words 生词 16-2

1. 办事	bàn shì	v.	to handle (business) affairs
2. 本来	běnlái	adv.	at first, originally
3. 并	bìng	adv.	*used before a negative for emphasis*
4. 耽搁	dānge	v.	to delay, to hold up
5. 临时	línshí	adv.	temporarily, provisionally
6. 当天	dàngtiān	n.	that very day
7. 深夜	shēnyè	n.	late at night
8. 人生地不熟	rén shēng dì bù shú		to be totally unfamiliar with the place and the people
9. 路过	lùguò	v.	to pass by
10. 派出所	pàichūsuǒ	n.	police station
11. 打交道	dǎ jiāodao		to come into contact with, to deal with
12. 心理	xīnlǐ	n.	psychology, mentality
13. 值班	zhí bān	v.	to be on duty
14. 连忙	liánmáng	adv.	at once, promptly
15. 宿舍	sùshè	n.	dormitory
16. 腾	téng	v.	to make room, to vacate
17. 临	lín	prep.	just before
18. 表示	biǎoshì	v.	to express
19. 感谢	gǎnxiè	v.	to thank, to be grateful

Proper nouns 专有名词

深圳 Shēnzhèn Shenzhen, a city in Guangdong Province

Notes 注释

1. 王大姐本来以为下午就能把事办完，没想到事情办得并不顺利，需要在深圳耽搁一天。

   “以为”，动词，认为不是事实，后一句常用“其实、没想到”开头，说明真相。

2. 早上临走的时候，王大姐再三向小李表示感谢。

   “再三”，副词，表示一次又一次。

Text retelling 复述课文

王大姐到……，本来以为……，坐车回家；没想到……，需要……。没办法，王大姐临时……。

由于……，王大姐找了……，但……。已经是……，她……，自己……，该怎么办呢？王大姐路过……，这时她忽然想起了……。虽然……，但是……，敲开了……。

值班警察小李……，连忙……，让……。早上……，王大姐再三……。回到老家后，王大姐经常……，还提醒大家……，一定……。

Grammar 学习语法

Supplementary new words (1) 扩展生词（一） 16-3

1. 证据 zhèngjù n. proof, evidence
2. 承担 chéngdān v. to bear, to undertake
3. 责任 zérèn n. duty, responsibility
4. 根本 gēnběn adv. utterly, at all
5. 无所谓 wúsuǒwèi v. to not care, to be indifferent
6. 责备 zébèi v. to blame
7. 叔叔 shūshu n. uncle
8. 尽量 jǐnliàng adv. to the best of one's abilities, to the greatest extent
9. 戒 jiè v. to quit, to give up
10. 夏令营 xiàlìngyíng n. summer camp
11. 主任 zhǔrèn n. director, head

（一）以为 16-4

1. 朗读下列句子，画出“以为”后面的词语。

（1）王大姐以为下午就能把事办完，没想到事情办得并不顺利，需要在深圳耽搁一天。

（2）我以为收集证据会很容易，其实很难。

（3）你的态度会让别人以为你不敢承担责任呢。

（4）爷爷以为孙子很在乎比赛的结果，其实他根本无所谓。

（5）发生事故以后，我以为师傅会责备我，没想到他却一直安慰我。

2. 连线成句，然后朗读。

（1）我以为新工作会好一些，	没想到比骑车还慢。
（2）我以为他们都回国了，	其实他是韩国人。
（3）我以为有人在敲我家的门，	其实是在敲隔壁的门。
（4）我原来以为他是中国人，	没想到他们一直在北京。
（5）我以为开车去一定很快，	没想到跟以前差不多。

（二）再三 16-5

1. 朗读下列句子，画出“再三”后面的词语。

（1）早上临走的时候，王大姐再三向小李表示感谢。

（2）医生再三对叔叔说，要尽量少喝酒。

（3）我再三劝老王戒烟，可他就是听不进去。

（4）女儿再三请求，妈妈才同意她参加夏令营。

（5）朋友请他做办公室主任，经过再三考虑，他还是客气地拒绝了。

2. 根据提示词，用“再三”完成句子，然后朗读。

（1）小白________________，她才不生气了。（道歉）

（2）他________________，一定会完成任务。（保证）

（3）虽然老师________________，可还是有人迟到了。（提醒）

（4）小王________________，出于礼貌，我只好答应了。（邀请）

（5）客人对宾馆的服务非常满意，临走时________________。（感谢）

给家人的一封信

小明：

时间过得真快，来到消防队（xiāofángduì，fire brigade）已经快一年了，很想念你们。爸妈身体不太好，你也长大了，我不在家的时候你要照顾好他们。明年你就要高考（gāokǎo，college entrance examination ）了，一定要努力学习，争取考上一个好大学。

明年我还会继续留在消防队，每个月能多给家里寄去一些钱，爸妈就不用再那么辛苦了。上封信里妈问我每天都做些什么，很担心我的安全。哥给你说说，你有空儿给妈讲讲。我还记得第一次进火场（huǒchǎng，scene of a fire）的情景，当时一家棉花（miánhuā，cotton）厂着火了，我们赶到的时候，火还很大，厂里黑乎乎的什么也看不清。我紧张极了，越紧张越觉得热，也越没有力气。那时候我才发现，虽然每天也有很多训练，但真的进到火场还是很不一样的，人更慌，压力更大。还好，救火的次数多了，也慢慢适应了，经验也越来越丰富了。我知道怎么保护好自己，告诉他们别担心。

就写到这儿吧，祝爸妈身体健康，祝你学习进步！

大哥

6月15日

一、判断正误。

1.“我”现在在消防队工作。（　　）

2. 小明的身体不太好。（　　）

3. 妈妈很担心“我”的安全。（　　）

4. 真正进火场救火和训练时的感觉不一样。（　　）

二、回答问题。

1. 说说“我”第一次进火场的情景。

2. 假如你是小明，你怎么给妈妈讲大哥的情况？

三、写作：小明的回信。

1. 写写家里的情况。

2. 写写自己的情况。

3. 说说家人对大哥的关心。

Lesson 17

妈妈教会我说话

Mother taught me to talk

Text 课文

借助生词表，快速浏览课文后回答问题：

小立小时候为什么不能说话？

17-1

小立一岁那年，因为药物中毒，跌进了无声的世界，妈妈伍金凤（Wǔ Jīnfèng）的世界也从此变得暗淡无光。看着天真的儿子，妈妈坚强地擦干眼泪，下定决心，困难再大也要教会儿子说话。

小立听不到任何声音，跟妈妈学说话时，他只能靠摸着妈妈的喉咙，体会声带的震动；靠观察妈妈的嘴型，模仿口型的变化。小立每发一个正确的音都要经过成百上千次的尝试，这时，妈妈往往已经累得说不出话来了。

功夫不负有心人，如今，小立已经能够很流利地表达自己的想法，并且能够看着口型跟人交流了。小立说："我最想说的话是，妈妈是最伟大的人，是她教会了我说话，让我走出孤独，有了面对世界的勇气。"

Answer the questions 回答问题

1. 伍金凤下决心做什么事？
   （中毒、无声、暗淡无光、天真、坚强、困难）
2. 小立是怎么学说话的？
   （摸、体会、观察、模仿、尝试）
3. 如今小立能说话了吗？他最想说的话是什么？
   （表达、交流、伟大、孤独、勇气）

New words 生词 17-2

1. 跌	diē	v.	to fall, to drop
2. 无声	wúshēng	v.	to be silent
3. 暗淡无光	àndàn-wúguāng		dim and dark, gloomy
4. 天真	tiānzhēn	adj.	innocent, naive
5. 坚强	jiānqiáng	adj.	strong, tough
6. 干	gān	adj.	dry
7. 任何	rènhé	pron.	any
8. 摸	mō	v.	to touch, to feel (with one's hand)
9. 喉咙	hóulóng	n.	throat
10. 声带	shēngdài	n.	vocal cords
11. 震动	zhèndòng	v.	to vibrate
12. 嘴型	zuǐxíng	n.	shape of the mouth
13. 模仿	mófǎng	v.	to imitate, to mimic
14. 口型	kǒuxíng	n.	shape of the mouth
15. 成百上千	chéngbǎi-shàngqiān		hundreds of
16. 往往	wǎngwǎng	adv.	often, usually
17. 功夫不负有心人	gōngfu bú fù yǒuxīnrén		Everything comes to him who waits.
18. 伟大	wěidà	adj.	great
19. 孤独	gūdú	adj.	solitary, lonely

Notes 注释

1. 妈妈下定决心，困难再大也要教会儿子说话。

   “再……也……”，表示无论程度多高，也不会改变。

2. 这时，妈妈往往已经累得说不出话来了。

   “往往”，副词，表示经常发生。

Text retelling 复述课文

小立……，因为……，跌进了……，妈妈伍金凤的世界……。看着……，妈妈……，下定决心，困难再大也要……。

小立……，跟妈妈……，他只能……，体会……；靠观察……，模仿……。小立每发一个正确的音都要……，这时，妈妈往往已经……。

功夫不负有心人，如今，小立……，并且……。小立说：“我最想说的话是，妈妈是……，是她……，让我……，有了……。”

Grammar 学习语法

Supplementary new words (1) 扩展生词（一） 17-3

1. 值得	zhí dé	v.	to be worth
2. 利润	lìrùn	n.	profit
3. 投资	tóu zī	v.	to invest
4. 竞争	jìngzhēng	v.	to compete, to vie
5. 武术	wǔshù	n.	martial arts
6. 修改	xiūgǎi	v.	to modify, to revise
7. 出席	chūxí	v.	to be present, to attend
8. 相关	xiāngguān	v.	to be related to
9. 交往	jiāowǎng	v.	to associate, to contact

（一）再……也…… 17-4

1. 朗读下列句子，画出其中的“再……也……”结构。

（1）妈妈下定决心，困难再大也要教会儿子说话。

（2）妈妈说，为了家人的幸福，再累也值得。

（3）这种生意，利润再高我也不会投资。

（4）竞争再激烈，我也要试一试。

（5）武术再难学我也要学。

2. 根据提示词，用“再……也……”完成句子，然后朗读。

（1）我已经下定决心，钢琴______________。（难　学）

（2）你给的钱______________，老板已经决定不卖了。（多　没用）

（3）事情已经发生了，你______________，别伤心了。（后悔　改变）

（4）妈妈工作______________陪我。（忙　抽空儿）

（5）心里______________，注意身体。（难过　按时休息）

（二）往往 17-5

1. 朗读下列句子，画出“往往”后面的词语。

（1）这时，妈妈往往已经累得说不出话来了。

（2）想写出一篇好文章，往往需要反复修改。

（3）出席会议时，我们主任往往会穿得非常正式。

（4）人们对衣服颜色的选择往往与各自的性格相关。

（5）人与人交往时，如果缺少沟通，往往会产生误会。

2. 根据提示词，用“往往”完成句子，然后朗读。

（1）考试前，大卫______________。（深夜）

（2）吃完晚饭，他们夫妻二人______________。（散步）

（3）每到节日，志愿者们______________。（孤儿院）

（4）有经验的出租车司机______________。（熟悉）

（5）假期他们一家人______________。（旅行）

Supplementary new words (2) 扩展生词（二） 17-6

1. 自学	zìxué	v.	to learn by oneself
2. 全部	quánbù	n.	all, total
3. 离婚	lí hūn	v.	to divorce
4. 喜极而泣	xǐjí'érqì		to cry tears of joy
5. 付出	fùchū	v.	to give, to pay
6. 心烦	xīnfán	adj.	upset, annoyed
7. 巴掌	bāzhang	n.	palm

一、判断正误。

1. 小立没有上过学。(　　)
2. 1991 年伍金凤跟丈夫离婚了。(　　)
3. 伍金凤的妹妹曾经劝她放弃。(　　)
4. 伍金凤用看口型、摸喉咙的方式教小立说话。(　　)

二、选择正确答案。

1. 视频里，伍金凤正在教儿子说什么？(　　)
   A. 妈妈　B. 哥哥　C. 你好　D. 再见
2. 关于小立，下列说法正确的是：(　　)
   A. 1991 年出生　B. 出生时听不见
   C. 在聋哑学校上学　D. 能像正常人一样说话
3. 关于伍金凤，下列说法不正确的是：(　　)
   A. 跑遍了全国各地的医院　B. 自学了儿子的全部课程
   C. 希望自己的儿子能唱歌　D. 为儿子付出了很多时间
4. 根据视频，下列说法正确的是：(　　)
   A. 伍金凤的爸爸不相信小立能学会说话
   B. 伍金凤的爸爸希望小立能说出“爷爷”
   C. 伍金凤教小立说话的时候总是很心烦
   D. 伍金凤教小立学说话的时候常常打他

三、回答问题。

1. 伍金凤教小立时遇到过哪些困难？
2. 对于伍金凤教小立说话，她的家人都是什么态度？

Oral practice 口语表达

说说你和妈妈之间令人感动的事情。

Lesson 18

超级替补

The super sub

Text 课 文 **借助生词表，快速浏览课文后回答问题：** 郭伟阳预赛的结果怎么样？ 18-1

郭伟阳（Guō Wěiyáng）上幼儿园的时候，就开始练习体操，1993 年加入了市体操队。多年来，他一直都是替补队员，很少有机会参加正式比赛。尽管这样，郭伟阳仍然严格要求自己，认真训练，一路替补，从市队到省队，最后进入了国家队。

2012 年伦敦奥运会前，参赛队员都飞往伦敦进行适应性训练。作为替补队员，郭伟阳在国内照常参加训练，准备在需要的时候，随时飞往赛场。赛前三天，一名参赛队员在训练中受伤，郭伟阳立刻赶往伦敦。

到了伦敦，郭伟阳马上就参加预赛。由于缺少适应性训练，结果出现了严重失误。但是他没有灰心，在教练和队友的鼓励下，在决赛中他发挥完美，与全队一起获得了团体冠军，同时也成就了自己“超级替补”的传奇故事。

Answer the questions

回答问题

1. 介绍一下郭伟阳。
   （幼儿园、体操、替补、严格、认真、一路）
2. 郭伟阳为什么要赶往伦敦？
   （奥运会、适应性、照常、随时、受伤）
3. 郭伟阳在伦敦奥运会上发挥得怎么样？
   （预赛、失误、灰心、鼓励、完美、冠军、传奇）

New words 生词 18-2

1. 体操	tǐcāo	n.	gymnastics
2. 严格	yángé	adj.	strict, rigorous
3. 一路	yílù	adv.	all the way
4. 参赛	cānsài	v.	to take part in a competition
5. 适应性	shìyìngxìng	n.	adaptability
适应	shìyìng	v.	to adapt, to suit
6. 照常	zhàocháng	adv.	as usual
7. 随时	suíshí	adv.	at any time
8. 赛场	sàichǎng	n.	competition arena, game field
9. 赶	gǎn	v.	to hurry, to rush
10. 预赛	yùsài	n.	preliminary match
11. 灰心	huī xīn	adj.	discouraged, disheartened
12. 发挥	fāhuī	v.	to give play to
13. 团体	tuántǐ	n.	group, team
14. 冠军	guànjūn	n.	champion
15. 同时	tóngshí	conj.	at the same time
16. 成就	chéngjiù	v.	to achieve, to accomplish
17. 超级	chāojí	adj.	super
18. 替补	tìbǔ	n.	substitute
19. 传奇	chuánqí	n.	legend

Notes 注释

1. 郭伟阳准备在需要的时候，随时飞往赛场。

   “随时”，副词，表示什么时候都可以、可能。

2. 郭伟阳与全队一起获得了团体冠军，同时也成就了自己“超级替补”的传奇故事。

   “同时”，连词，用于后一小句，有更进一步的意思，常与“又、也、还”配合使用。

Text retelling 复述课文

郭伟阳……的时候，就……，1993年……。多年来，他……，很少有机会……。尽管这样，郭伟阳仍然……，认真……，一路……，从……到……，最后……。

2012年……，参赛队员……。作为……，郭伟阳……，准备……，随时……。赛前三天，一名参赛队员……，郭伟阳立刻……。

到了伦敦，郭伟阳马上……。由于……，结果……。但是……，在……下，在决赛中他……，与全队一起……，同时……。

Grammar 学习语法

Supplementary new words (1) 扩展生词（一） 18-3

1. 维修	wéixiū	v.	to repair, to maintain
2. 装修	zhuāngxiū	v.	to fit up (a house, etc.), to decorate (the interior of a house)
3. 总裁	zǒngcái	n.	president (of a company)
4. 设备	shèbèi	n.	equipment, facility
5. 搞	gǎo	v.	(*colloquial*) to do, to make, to engage in
6. 创作	chuàngzuò	n.	creation, creative work
7. 报道	bàodào	v.	to report, to cover
8. 分析	fēnxī	v.	to analyze
9. 艰巨	jiānjù	adj.	difficult, arduous, formidable
10. 程度	chéngdù	n.	degree, extent

（一）随时 18-4

1. 朗读下列句子，画出“随时”后面的词语。

（1）郭伟阳准备在需要的时候，随时飞往赛场。

（2）我们公司的修理工可以随时上门维修。

（3）房子已经装修好了，你们随时都能搬进来。

（4）总裁总带着一个本子，想到好点子随时记下来。

（5）设备随时可能送到，请大家做好准备。

2. 根据提示词，用“随时”完成句子，然后朗读。

（1）你有什么困难，可以____________________。（联系）

（2）宾馆全天有热水，____________________，很方便。（洗澡）

（3）我们已经准备好了，____________________。（出发）

（4）带着伞吧，今天____________________。（下雨）

（5）你要24小时开机，这样我们____________________。（找到）

（二）同时 18-5

1. 朗读下列句子，画出“同时”后面的词语。

（1）郭伟阳与全队一起获得了团体冠军，同时也成就了自己“超级替补”的传奇故事。

（2）这位老科学家不但热爱自己的专业，同时还搞一些文学创作。

（3）文章不但报道了比赛情况，同时还做了精彩的分析。

（4）这是一项非常重要的任务，同时也是十分艰巨的任务。

（5）网络已经进入我们的生活，同时在很大程度上改变了我们的生活方式。

2. 根据提示词，用“同时”完成句子，然后朗读。

（1）他们俩是队友，____________________。（朋友）

（2）大家要努力工作，____________________。（注意身体）

（3）看中文电影不但能放松心情，____________________。（练习听力）

（4）打太极拳不但能锻炼身体，____________________。（放松心情）

（5）阅读能丰富你的知识，____________________。（丰富生活）

Supplementary new words (2) 扩展生词（二） 18-6

1. 心理素质 xīnlǐ sùzhì mental quality
2. 寝室 qǐnshì n. dormitory
3. 款 kuǎn m. kind, type, style
4. 主题 zhǔtí n. theme, subject
5. 筹备 chóubèi v. to prepare, to arrange

一、判断正误。

1. 郭伟阳平时在北京生活。（　　）
2. 郭伟阳的心理素质特别好。（　　）
3. 郭伟阳的梦想是制作一款体操游戏。（　　）
4. 郭伟阳的梦想最后没有通过。（　　）

二、选择正确答案。

1. 关于滕海滨（Téng Hǎibīn），下列说法错误的是：（　　）

A. 他也是位奥运冠军　　B. 他是郭伟阳的室友

C. 他是郭伟阳的好友　　D. 他是郭伟阳的同学

2. 滕海滨退赛的原因是：（　　）

A. 他的手臂受伤了　　B. 他在伦敦不适应

C. 他想把机会给郭伟阳　　D. 他预赛时出现了失误

3. 郭伟阳决赛时，克服了什么困难？（　　）

A. 对赛场不适应、手臂受伤

B. 对赛场不适应、预赛失误

C. 心理素质很差、队友失误

D. 预赛时失误了、手臂受伤

4. 梦想助力团的帮助不包括：（　　）

A. 筹备资金　　B. 技术支持　　C. 宣传游戏　　D. 做计划书

三、回答问题。

1. 郭伟阳的梦想是什么？为什么？
2. 梦想助力团说“做游戏很烧钱”，是什么意思？

Oral practice 口语表达

介绍一次你参加比赛的经历。

Lesson 19

重生

A new life

Text 课文

借助生词表，快速浏览课文后回答问题：

齐选杰为什么被提前释放了？

19-1

齐选杰（Qí Xuǎnjié）因为抢劫，进了监狱。狱中生活非常简单，除了劳动，就是集体学习，偶尔还有一些文化活动。

中秋节那天，监狱里办了一场联欢会，齐选杰一连演奏了好几种乐器。他的才艺让狱友们赞不绝口，也给负责文艺工作的许警官留下了深刻的印象。从那以后，许警官经常找齐选杰编排节目，组织文艺活动，丰富狱友们的生活，缓解他们的精神压力。一段时间后，许警官发现大家逐渐开朗起来，聊天儿时也常常谈起未来。

凭着在监狱里的突出表现，齐选杰被提前释放。在许警官的帮助下，他找到了一份跟音乐有关的工作，能继续发挥他的特长。现在他想通过自己的努力，开始新的生活。

Answer the questions 回答问题

1. 齐选杰为什么进监狱？监狱的生活什么样？
（抢劫、简单、除了、偶尔）
2. 中秋节的时候，监狱举办了什么活动？这给狱中生活带来了什么变化？
（联欢会、乐器、赞不绝口、印象、编排、组织、丰富、缓解、开朗）
3. 齐选杰出狱后生活怎么样？
（帮助、音乐、特长、努力、新生活）

New words 生词 19-2

1. 重生	chóngshēng	v.	to be reborn, to get a new life	11. 留下	liúxià		to leave, to leave behind
2. 抢劫	qiǎngjié	v.	to rob	12. 深刻	shēnkè	adj.	deep, profound
3. 监狱	jiānyù	n.	prison	13. 编排	biānpái	v.	to arrange, to create and rehearse
4. 集体	jítǐ	n.	group, collectivity	14. 组织	zǔzhī	v.	to organize
5. 联欢会	liánhuānhuì	n.	get-together, party	15. 缓解	huǎnjiě	v.	to alleviate, to relieve
6. 一连	yìlián	adv.	in a row, in succession	16. 精神	jīngshén	n.	spirit, mind
7. 狱友	yùyǒu	n.	inmate, cellmate	17. 开朗	kāilǎng	adj.	cheerful, outgoing
8. 负责	fùzé	v.	to be in charge of	18. 未来	wèilái	n.	future
9. 文艺	wényì	n.	literature and art	19. 凭	píng	prep.	by, through, on the basis of
10. 警官	jǐngguān	n.	police officer	20. 突出	tūchū	adj.	outstanding, remarkable

Notes 注释

1. 齐选杰一连演奏了好几种乐器。

“一连”，副词，表示动作或情况连续发生，强调数量多或时间长，后面常有数量词与之配合。

2. 许警官发现大家逐渐开朗起来。

“逐渐”，副词，表示慢慢发生变化。

Text retelling 复述课文

齐选杰因为……，进了……。狱中生活……，除了……，就是……，偶尔……。

中秋节那天，监狱里……，齐选杰……。他的才艺……，也给……。从那以后，许警官……，组织……，丰富……，缓解……。一段时间后，许警官发现……，聊天儿时……。

凭着……，齐选杰被……。在……下，他找到了……，能继续……。现在他想……，开始……。

Grammar 学习语法

Supplementary new words (1) 扩展生词（一） 19-3

1. 打喷嚏	dǎ pēntì		to sneeze
2. 零件	língjiàn	n.	part, component
3. 方案	fāng'àn	n.	plan, scheme, project
4. 开发	kāifā	v.	to develop, to open up
5. 从前	cóngqián	n.	before, in the past
6. 培训	péixùn	v.	to train, to cultivate
7. 业务	yèwù	n.	business, professional work
8. 平静	píngjìng	adj.	calm
9. 彼此	bǐcǐ	pron.	each other, one another

（一）一连 19-4

1. 朗读下列句子，画出“一连”后面的词语。

（1）齐选杰一连演奏了好几种乐器。
（2）小明刚才一连打了七八个喷嚏。
（3）李师傅一连跑了四五个修理厂，才买到这种汽车零件。
（4）这套方案同事们一连讨论了四五天，才定下来。
（5）为了尽快开发出新产品，开发组一连好几个周末都没休息。

2. 用“一连”组句，然后朗读。

（1）星期　一个　下了　雨
（2）问了　三个　小男孩儿　问题
（3）经理　会议　参加了　今天　好几个
（4）妈妈　好几天　担心得　没睡好觉　都
（5）我　电影　这部　两遍　看了

（二）逐渐 19-5

1. 朗读下列句子，画出“逐渐”后面的动词、形容词。

（1）许警官发现大家逐渐开朗起来。
（2）我逐渐改变了从前对这名演员的看法。
（3）在培训中，工作人员的业务水平逐渐提高了。
（4）离婚后一年，姐姐的心情才逐渐平静下来。
（5）两人在一起工作的时间长了，彼此逐渐产生了感情。

2. 根据提示词，用“逐渐”完成句子，然后朗读。

（1）在女朋友的精心照顾下，他的身体____________________。（好）
（2）到中国三个月以后，我才____________________。（习惯）
（3）网络发展得越来越快，网上购物____________________。（流行）
（4）从10月开始，北京就____________________。（冷）
（5）茶的发源地是中国，后来____________________。（传）

Supplementary new words (2) 扩展生词（二） 19-6

1. 阻止 zǔzhǐ v. to prevent, to stop
2. 报警 bào jǐng v. to call the police
3. 驻场 zhù chǎng to be stationed
4. 乐队 yuèduì n. band

一、判断正误。

1. 齐选杰今年四十岁了。(　　)
2. 齐选杰和许警官的关系不好。(　　)
3. 齐选杰在监狱待了三年。(　　)
4. 齐选杰在舞台上参加了面试。(　　)

二、选择正确答案。

1. 齐选杰和许警官的关系是：(　　)
   A. 师徒　B. 亲戚　C. 兄弟　D. 父子
2. 关于齐选杰，下列说法正确的是：(　　)
   A. 他跟老婆离婚了　B. 他喜欢出去玩儿
   C. 他不想面对家人　D. 他会两三种乐器
3. 出事的时候，齐选杰：(　　)
   A. 报警了　B. 离开了　C. 阻止了　D. 打人了
4. 齐选杰对工作有什么希望？(　　)
   A. 工资高点儿　B. 离父母家近
   C. 去各地演出　D. 做一名歌手

三、回答问题。

1. 介绍一下齐选杰的经历。
2. 梦想助力团给齐选杰的建议是什么？为什么？

Oral practice 口语表达

你们国家监狱的主要功能是什么？查查中国监狱的功能，看看是否一样。

Lesson 20 老年背包客

The old backpackers

Text 课文 **借助生词表，快速浏览课文后回答问题：**
张广柱夫妇什么时候开始环球之旅的？ 20-1

2007年春节，六十多岁的张广柱（Zhāng Guǎngzhù）夫妇来到云南虎跳峡旅游。在酒店他们发现，同住的外国游客一句中文也不会说，居然来到这么偏远的地方，玩儿得这么开心。夫妇俩非常羡慕，心想，世界那么大，为什么不出国去看看呢？

于是，2008年起，夫妇俩开始了环球之旅。每次出发前，他们都上网订好酒店，查好景点信息，做好攻略，安排好日程。到现在为止，他们用了一百八十八天，游览了二十多个国家。他们白天在外边游玩，晚上回到酒店，把一天的见闻和感想记录下来，然后发到网上。很多网友看到了他们的博客，开始关注这对老年背包客。

长途旅行中，两位老人看到了更广阔的世界，心态越来越年轻了，彼此之间的感情也越来越深了。如今，两位老人想手牵着手，继续享受背包客的快乐。

Answer the questions 回答问题

1. 张广柱夫妇为什么想出国旅游？
（云南、外国游客、偏远、开心、羡慕）
2. 每次出发前，他们都要做什么？
（酒店、景点、攻略、日程）
3. 他们游览了多少个国家？人们是怎么知道他们的？
（到……为止、白天、晚上、记录、博客、关注）

New words 生词 20-2

1. 酒店	jiǔdiàn	n.	hotel	10. 感想	gǎnxiǎng	n.	what one thinks and feels, thoughts, reflections
2. 同	tóng	adv.	together	11. 记录	jìlù	v.	to record, to note down
3. 居然	jūrán	adv.	unexpectedly	12. 网友	wǎngyǒu	n.	Internet user
4. 环球	huánqiú	v.	around the world	13. 博客	bókè	n.	blog
5. 攻略	gōnglüè	n.	plan, strategy	14. 关注	guānzhù	v.	to pay close attention to
6. 日程	rìchéng	n.	schedule	15. 背包客	bēibāokè	n.	backpacker
7. 游览	yóulǎn	v.	to visit, to tour	16. 长途	chángtú	adj.	long-distance
8. 游玩	yóuwán	v.	to travel, to have fun	17. 广阔	guǎngkuò	adj.	broad, extensive
9. 见闻	jiànwén	n.	what one sees and hears, information	18. 牵手	qiān shǒu	v.	to hold hands

Proper nouns 专有名词

1. 云南	Yúnnán	Yunnan Province	2. 虎跳峡	Hǔtiào Xiá	Tiger Leaping Gorge, a scenic canyon in Yunnan Province

Notes 注释

1. 同住的外国游客一句中文也不会说。

   "一 + m. + n. + 也 / 都 + 不 / 没……"，表示完全否定。

2. 同住的外国游客一句中文也不会说，居然来到这么偏远的地方。

   "居然"，副词，表示没想到，出乎意料。

Text retelling 复述课文

2007年春节，六十多岁的张广柱夫妇……。在酒店……，同住的外国游客……，居然……，玩儿得……。夫妇俩……，心想，世界……，为什么……？

于是，2008年起，夫妇俩……。每次出发前，他们都上网……，查好……，做好……，安排好……。到现在为止，他们用了……，游览了……。他们白天……，晚上……，把……，然后……。很多网友看到了……，开始……。

长途旅行中，两位老人看到了……，心态……，彼此……。如今，两位老人想……，继续……。

Grammar 学习语法

Supplementary new words (1) 扩展生词（一） 20-3

1. 胃口 wèikǒu n. appetite
2. 包裹 bāoguǒ n. parcel, package
3. 丢 diū v. to lose
4. 淘气 táo qì adj. naughty, mischievous
5. 乖 guāi adj. obedient, well-behaved
6. 围巾 wéijīn n. scarf
7. 测验 cèyàn v. to test
8. 食物 shíwù n. food
9. 过期 guò qī v. to be overdue, to expire
10. 趁 chèn prep. to take the advantage of, while
11. 一再 yízài adv. over and over again

（一）一 + m. + n. + 也 / 都 + 不 / 没…… 20-4

1. 朗读下列句子，画出其中的"一 + m. + n. + 也 / 都 + 不 / 没……"结构。

（1）同住的外国游客一句中文也不会说。

（2）我现在没胃口，一口都吃不下。

（3）包裹一个也没丢，都安全寄到了。

（4）这些小朋友都很淘气，一点儿也不乖。

（5）除了那条围巾，别的礼物女朋友一个都不喜欢。

2. 根据提示词，用"一 + m. + n. + 也 / 都 + 不 / 没……"改写下列句子。

（1）我早就听说云南的风景很美，可是我从来没去过。（次）

（2）出国以后，哥哥从来没给我打过电话。（个）

（3）这几个汉字太难了，我都不认识。（个）

（4）老师说得太快了，我都听不懂。（句）

（5）导游虽然带着照相机，但是没拍照。（张）

（二）居然 20-5

1. 朗读下列句子，画出"居然"后面的词语。

（1）同住的外国游客一句中文也不会说，居然来到这么偏远的地方。

（2）这次测验，阿里居然一道题都没有做对。

（3）这些食物已经过期了，爸爸居然没发现。

（4）小狗居然趁我不注意，悄悄跑出去了。

（5）我一再提醒芳芳考试的时间，她居然还是忘了。

2. 根据提示词，用"居然"完成句子，然后朗读。

（1）没想到____________________！（碰到）

（2）他们俩以前那么好，现在____________________。（离婚）

（3）大家都以为意大利队能赢，没想到，____________________。（输）

（4）我这么大声地叫你，____________________。（听见）

（5）这么好看的电影，____________________。（看）

旅行的意义

世界那么大，你想不想去看看？在旅行过程中，你会看到很多以前只在照片中看到的景色，看到许多原来只在电视上看到的动物。近距离接触以后，你会感受到这些景物带给你的强烈震撼（zhènhàn，shock, shake）。当然，你还会看到各个民族独具特色的表演，品尝到不同国家的美食，领略（lǐnglüè，to have a taste of, to experience）到另一种文化。当然，你也有可能悠闲地躺（tǎng，to lie down）在海边或在爬山的途中汗流浃背（hànliú-jiābèi，with sweat streaming down one's back），享受旅行带来的放松和挑战。总之，你可以在旅行中做你想做的事，成为你想成为的人。

旅行中拍下的一张照片、写下的一段日记，都会成为回忆，每次看到都能让生活更加充实。旅行能改变心情，一个人走在陌生（mòshēng，strange, unfamiliar）的街道，即使（jíshǐ，even though）下雨也是美好的；旅行能让我们开阔视野，即使身处困境也无所畏惧；旅行能让我们找回自我，即使面对诱惑也不会迷失。

旅行就是改变一成不变（yìchéng-búbiàn，changeless, monotonous）的生活，去尝试更多的选择。也许，旅行之后，我们会找到方向，会明白自己想要的是什么，会为了新生活更努力地奋斗。

一、选择正确答案。

1. 下面哪项不是旅行中可以看到的东西？（　　）
   A. 景色　　B. 动物　　C. 文化　　D. 照片
2. 下面哪个词跟第一段中"原来"的意思相近？（　　）
   A. 从来　　B. 从前　　C. 如今　　D. 以后
3. 下面哪项属于旅行带来的挑战？（　　）
   A. 看民族表演　　B. 品尝各国美食
   C. 悠闲地躺在海边　　D. 感受爬山途中的辛苦
4. 人们为什么会觉得下雨也是美好的？（　　）
   A. 一个人旅行　　B. 心情很好
   C. 不熟悉那里　　D. 天气很热

二、回答问题。

1. 旅行中能做什么？
2. 为什么说旅行可以改变我们一成不变的生活？

三、写作：我的老年生活。

1. 当你老了的时候，社会是什么样的？
2. 那时候你的生活是什么样的？
3. 你觉得这样的老年生活怎么样？

繁体课文

Texts in Complex Characters

第 1 課 餃子大媽

借助生詞表，快速瀏覽課文後回答問題：趙大媽的絶活兒是什麽？

美味可口的餃子剛端上餐桌，就被客人們吃光了。看着客人吃得津津有味，店主趙大媽感到非常開心。

趙大媽是第一個在新西蘭開餃子館兒的人，她把地道的中國餃子搬上了新西蘭人的餐桌。新西蘭總理曾經三次到她的餃子館兒作客，對趙大媽的餃子贊不絶口。當地人不滿足于吃餃子，還紛紛來到餃子館兒跟趙大媽學包餃子。

趙大媽包餃子有一手絶活兒，就是一次能擀出來十二個餃子皮！爲了讓自己的絶活兒後繼有人，趙大媽回到家鄉，準備招幾個徒弟帶到新西蘭，親自教他們包餃子、賣餃子，讓更多人享受到中國的美食。

第 2 課 想當獸醫的小女孩兒

借助生詞表，快速瀏覽課文後回答問題：周愛思爲什麽想當獸醫？

周愛思是一個中非混血的小女孩兒。她很喜歡小動物，常常把流浪的小猫小狗抱回家，細心地喂養。現在她的家裏成了小小的動物園，各種各樣的小動物擠滿了她的房間。周愛思每天跟小動物一起玩兒，非常開心。

有一次，一隻小兔子生病了，不吃不喝。周愛思急壞了，趕緊抱着小兔子去寵物醫院。小兔子經過治療又活蹦亂跳了，她才放下心來。

慢慢地，周愛思開始羨慕獸醫的工作，有了當獸醫的想法。這樣，她不但能給小動物安家，還能給它們治病，讓它們生活得健康、快樂。

人們聽説了周愛思的故事，都稱贊她善良、有愛心，給了那些小動物新的生活；而周愛思却説，是小動物們的陪伴，給了她快樂的童年。

第 3 課 土家春晚

借助生詞表，快速瀏覽課文後回答問題：覃露的夢想是什麽？

覃露是一個土家族姑娘。土家族是一個能歌善舞的民族。無論是慶祝節日，還是田間勞動，他們都要唱唱歌，跳跳舞，用這樣的方式表達對生活的熱愛。

除夕的時候，大家聚在一起，一邊看春晚，一邊即興表演土家族的歌舞。看到這種情景，覃露想，爲什麽不把土家族的歌舞搬上舞臺，舉辦一場自己的春晚呢？她把這個想法告訴了村民，大家一致贊成。

今年春節，他們如願以償了。在自己的春晚上，大家表演了土家族的舞蹈，演唱了土家族的民歌。不少外地游客也興致勃勃地來欣賞他們的表演，他們被這裏的民族風情吸引了，也被土家族的熱情感動了。

第 4 課 《中國夢想秀》

借助生詞表，快速瀏覽課文後回答問題：《中國夢想秀》是一個什麽樣的節目？

《中國夢想秀》是浙江電視臺的一個很吸引人的節目。這個節目讓很多普通老百姓實現了心中的夢想。這些“追夢人”登上舞臺，展現才藝，説出自己的故事和夢想。主持人根據現場觀衆的投票情况，決定是否幫助這個追夢人實現夢想。

在一期節目中，來自成都的秦坤希望每個人都能學一些簡單的手語，以便跟聾啞人溝通。他的夢想得到了觀衆的支持，在主持人的倡議下，現場的企業家捐款十萬元，幫助他推廣手語。

現在，《中國夢想秀》已經成爲中國觀衆最喜歡的節目之一，很多人都想登上這個舞臺，實現自己的夢想。

第 5 課 我要飛得更高

借助生詞表，快速瀏覽課文後回答問題：王强的童年夢想是什麽？

王强是位美髮師，他的美髮技術非常出色，非常受顧客的歡迎。可誰能想到，他那製作美麗髮型的雙手，還能組裝飛機。

一天的繁忙之後，他經常把自己關在小屋子裏，反復琢磨，改造發動機，拼裝機身。經過多次改進，他的小型飛機終于組裝成功了！他開着自己的飛機，飛上了藍天，實現了童年的夢想。

看着王强開着飛機在天空中自由地飛翔，家人由衷地爲他感到驕傲和自豪。王强説，他打算儘快買兩台小型航空發動機，組裝一架性能更好而且飛得更高、更遠的飛機。

第 6 課 大地媽媽

借助生詞表，快速瀏覽課文後回答問題：易解放是什麽時候開始種樹的？

在内蒙古東部，有一片叫塔敏查乾的沙漠。“塔敏查乾”在蒙古語裏是死亡之海的意思。這裏的沙丘一個連着一個，狂風吹過，風沙漫天，氣候十分惡劣。

2002 年，易解放和丈夫放弃了舒適的城市生活，一起來到這片沙漠，用雙手和毅力，一棵一棵地種下了第一批樹苗。

小樹苗慢慢地長大了，易解放的故事也逐漸傳開了。志願者一批一批地來到這裏，加入到種樹的隊伍中。現在他們已經在這片沙漠種下了一百六十萬棵樹，面積有一千三百多個足球場那麽大。

如今，易解放六十多歲了，她仍然帶領志願者義務種樹，堅持着自己的綠色夢想。志願者們都親切地稱她爲“大地媽媽”。

第 7 課 生活在一起

借助生詞表，快速瀏覽課文後回答問題：左朝峰的父母來北京跟他一起住了嗎？

左朝峰是中國雜技團的一名演員。他從小就離開了家，在廣州學習雜技。現在他已是而立之年，終于在北京買了房，安了家。

不過，有件事一直困擾着左朝峰：父母還在老家生活，他們的年紀越來越大，身體也越來越差了；而自己却遠在他鄉，不能照顧他們，心裏很内疚。儘管左朝峰再三勸父母來北京一起生活，但是老人怕給兒子增加負擔，一直没答應。

如何才能讓父母安心地待在北京呢？左朝峰經常冥思苦想。後來，他來到了《中國夢想秀》的舞臺，希望大家能幫他母親找份工作。如果老人能自食其力，就不用擔心自己過于依賴孩子了。在大家的幫助下，他母親在北京找到了工作，一家人終于生活在一起了。

第 8 課 教洋人説相聲

借助生詞表，快速瀏覽課文後回答問題：丁廣泉要求洋徒弟們練到什麽水平？

丁廣泉是中國著名的相聲演員，他教外國學生説相聲已經有二十多年了。每到禮拜天，洋徒弟們都會按時來到丁老師家上課。

丁老師一般先讓他們説繞口令練習發音，像“四是四，十是十，十四是十四，四十是四十”；練完發音，丁老師常教他們説方言、俚語，增加相聲表演的地方特色。除此以外，丁老師還教他們唱京劇和各種地方戲曲，使他們的表演更加豐富多彩。丁老師對徒弟們的要求很嚴，每次都要他們練到説準、唱熟爲止。

如今，這些金髮碧眼的洋徒弟們經常登上舞臺表演相聲，成爲深受廣大老百姓喜愛的“洋笑星”。

第 9 課 因爲愛

借助生詞表，快速瀏覽課文後回答問題：申旭闊的父母支持他跳舞嗎？

電視上，申旭闊正在跳舞，他穿着古怪，動作誇張。電視機前，父母頻頻摇頭，生氣地關上了電視。

回到家裏以後，父親再次反對他跳這種風格的舞蹈，希望他找份穩定的工作，踏踏實實地生活。

申旭闊耐心地向他們表達了自己對舞蹈的熱愛，雖然父母仍然無法接受，但是出于對孩子的愛，他們還是選擇了支持。

一次申旭闊正在北京參加舞蹈比賽，父親心臟病突然發作，需要做大手術。爲了讓申旭闊專心比賽，母親没有立即告訴他。比賽結束後，申旭闊才知道了這件事，既心疼又感動。爲了這份愛，他决心更刻苦地練習，以取得更大的成功。

第 10 課 優秀志願者

借助生詞表，快速瀏覽課文後回答問題：柳燕會什麽時候把書送到山村學校？

柳燕是西北大學的一名研究生，她熱心公益活動，在活動中認識了一群志願者朋友。

每到周六，柳燕都會跟朋友們一起去大學校園和社區收集圖書，晚上她常常花一個通宵，把大家捐來的圖書精心分類。周日，她和朋友們坐着公交車，顛簸幾個小時，把書送到偏遠的山村學校。

到了學校，他們剛把書擺到課桌上，孩子們就圍上來，挑選出自己最喜歡的書，然後開心地讀起來。柳燕和朋友們走到孩子們中間，聽他們朗讀，教他們識字，幫他們理解故事情節，還不時跟孩子們交流自己的讀書體會。孩子們都説，這樣的星期天是他們最快樂的時光。

第 11 課 老姐妹藝術團

借助生詞表，快速瀏覽課文後回答問題：丁家珍鼓勵小區裏的老年人做什麽？

丁家珍今年六十八歲了，女兒是個電視明星。她跟着女兒拍過電視，參加過娱樂節目，老年生活充實而快樂。

小區裏還有很多跟丁家珍年齡差不多的老年人，生活孤單、寂寞。丁家珍鼓勵這些老年人走出家門。在她的帶領下，老人們不但重新撿起了自己唱過的老歌，還學會了流行歌曲，不但跳起了廣場舞，還學會了交誼舞。從此，他們就没時間再抱怨老伴兒把菜炒鹹了，也忘了孫子惹自己生氣了。心情好了，就吃得香、睡得好了，身上的毛病也没有了。

跟丁家珍一起玩兒的老年人越來越多，于是他們成立了一個藝術團。丁家珍給藝術團起了個親切的名字——老姐妹藝術團。這些老夥伴們經常排練節目，定期去養老院義務演出，把快樂帶給更多的老年朋友。

第 12 課 的哥的平凡生活

借助生詞表，快速瀏覽課文後回答問題：劉文軍利用業餘時間學習什麽？

劉文軍是一位北京的哥。開出租車

的工作很辛苦。每天清晨出車，在路上一跑就是一天。吃飯也没有規律，中午到了飯點兒，打車的人特别多，通常來不及吃飯；只有過了飯點兒，打車的人少了，才能吃上飯。

雖然工作很辛苦，但是劉文軍却感到樂在其中。他利用業餘時間學英語。每次碰到外國客人，他都會主動跟他們聊天兒，用英語給他們介紹景點，詢問他們對北京的印象，還因此交了不少外國朋友。

劉文軍的業餘生活也很豐富，每天下班以後，他都會跳上一段舞來放鬆一下。周六，他還常去舞蹈學院學芭蕾舞，舞蹈已經成了他平衡工作和生活的一種方式。

劉文軍説，作爲北京的哥，雖然生活很平凡，但是充滿了快樂。

第 13 課 大衛的漢語之路

借助生詞表，快速瀏覽課文後回答問題：大衛現在在哪兒學習？

十年前的一天，在俄羅斯的一個小鎮，一個十歲的小男孩兒走進外公的書房。他在書架上發現一本 1955 年出版的《俄漢詞典》，打開一看，裏面的文字形態各异，感覺很神秘。這本詞典讓他愛不釋手，心生嚮往，于是他下决心要學習這種語言。這個小男孩兒就是俄羅斯留學生大衛。

如今大衛在北京語言大學學習，他對漢字的興趣依然不減，尤其喜歡繁體字。很多複雜的繁體字連中國朋友都得琢磨半天，可是大衛却能熟練地寫出來，讓人不得不佩服。

大衛還鍾情于中醫。在他看來，西方人没有接受中醫，主要是因爲語言不通。因而，他有一個夢想，就是學好漢語，把博大精深的中醫介紹到自己的家鄉，從而讓更多的人瞭解它，接受它。

第 14 課 追星星的人

借助生詞表，快速瀏覽課文後回答問題：傅定彦覺得最美的星空在哪兒？

傅定彦來自重慶，是一名職業攝影師。他喜歡拍攝星空，他的夢想是拍下最美的星空。

秋天，他來到内蒙古的戈壁灘。湛藍的天空下，高大的胡楊林就像一塊金黄色的綢緞似的，鋪在一望無際的沙漠上。晚上，他坐在胡楊樹下，仰望天空，繁星點點。傅定彦舉起相機，拍下了戈壁美麗的夜空。

冬天，他來到新疆禾木。那裏白茫茫的一片，一眼望不到邊。夜晚，天空中的星星一閃一閃的，像裝飾在藍色天鵝絨上的寶石。傅定彦拿起相機，拍下了邊疆美麗的星空。

傅定彦説，無論走到哪裏，都能看到美麗的星空，而最美的星空總在下一站。因此，他不會停下來，將繼續追着星星的脚步，走向更多、更遠的地方。

第 15 課 花兒與少年

借助生詞表，快速瀏覽課文後回答問題：現在的年輕人喜歡唱花兒嗎？

在中國西北，老百姓幹活兒的時候，習慣即興唱上幾句民歌。歌裏唱的是他們的所看、所想以及生活的艱難。有人説這裏的民歌不是“唱出來的”，而是“哭出來的”。不過，它却有一個非常美好的名字——“花兒”。

花兒作爲一種原生態的演唱形式，是一份珍貴的藝術遺産，但是如今的年輕人却逐漸對它失去了興趣，學唱花兒、會唱花兒的人越來越少。

冶文杰對花兒有着很深的感情，他不想讓這份遺産自生自滅。大學畢業後，他放弃了城裏穩定的工作，來到花兒的發源地，一門心思地學習花兒，只靠在飯館兒裏打工的收入勉强維持生活。

冶文杰希望花兒能重新綻放，一代代唱下去，直到永遠。

第 16 課 有困難找警察

借助生詞表，快速瀏覽課文後回答問題：王大姐訂到賓館了嗎？

王大姐到深圳辦事，本來以爲下午就能把事辦完，坐車回家；没想到事情辦得并不順利，需要在深圳耽擱一天。没辦法，王大姐臨時决定找個賓館住下。

由于當天是周末，王大姐找了幾家賓館，但都被訂滿了。已經是深夜十一點了，她非常着急，自己在這裏人生地不熟，該怎麼辦呢？王大姐路過一個派出所，這時她忽然想起了“有困難找警察”這句話。雖然她没跟警察打過交道，但是她抱着試試看的心理，敲開了派出所的門。

值班警察小李瞭解了王大姐的情况後，連忙把宿舍騰了出來，讓她在那裏休息。早上臨走的時候，王大姐再三向小李表示感謝。回到老家後，王大姐經常跟身邊的人説起這次經歷，還提醒大家有了困難，一定記着去找警察。

第 17 課 媽媽教會我説話

借助生詞表，快速瀏覽課文後回答問題：小立小時候爲什麼不能説話？

小立一歲那年，因爲藥物中毒，跌進了無聲的世界，媽媽伍金鳳的世界也從此變得暗淡無光。看着天真的兒子，媽媽堅强地擦乾眼泪，下定决心，困難再大也要教會兒子説話。

小立聽不到任何聲音，跟媽媽學説話時，他只能靠摸着媽媽的喉嚨，體會聲帶的震動；靠觀察媽媽的嘴型，模仿口型的變化。小立每發一個正確的音都要經過成百上千次的嘗試，這時，媽媽往往已經累得説不出話來了。

功夫不負有心人，如今，小立已經能够很流利地表達自己的想法，并且能够看着口型跟人交流了。小立説：“我最想説的話是，媽媽是最偉大的人，是她教會了我説話，讓我走出孤獨，有了面對世界的勇氣。”

第 18 課 超級替補

借助生詞表，快速瀏覽課文後回答問題：郭偉陽預賽的結果怎麽樣？

郭偉陽上幼兒園的時候，就開始練習體操，1993 年加入了市體操隊。多年來，他一直都是替補隊員，很少有機會參加正式比賽。儘管這樣，郭偉陽仍然嚴格要求自己，認真訓練，一路替補，從市隊到省隊，最後進入了國家隊。

2012 年倫敦奥運會前，參賽隊員都飛往倫敦進行適應性訓練。作爲替補隊員，郭偉陽在國内照常參加訓練，準備在需要的時候，隨時飛往賽場。賽前三天，一名參賽隊員在訓練中受傷，郭偉陽立刻趕往倫敦。

到了倫敦，郭偉陽馬上就參加預賽。由于缺少適應性訓練，結果出現了嚴重失誤。但是他没有灰心，在教練和隊友的鼓勵下，在决賽中他發揮完美，與全隊一起獲得了團體冠軍，同時也成就了自己“超級替補”的傳奇故事。

第 19 課 重生

借助生詞表，快速瀏覽課文後回答問題：齊選杰爲什麼被提前釋放了？

齊選杰因爲搶劫，進了監獄。獄中生活非常簡單，除了勞動，就是集體學習，偶爾還有一些文化活動。

中秋節那天，監獄裏辦了一場聯歡會，齊選杰一連演奏了好幾種樂器。他的才藝讓獄友們贊不絶口，也給負責文藝工作的許警官留下了深刻的印象。從那以後，許警官經常找齊選杰編排節目，組織文藝活動，豐富獄友們的生活，緩解他們的精神壓力。一段時間後，許警官發現大家逐漸開朗起來，聊天兒時也常常談起未來。

憑着在監獄裏的突出表現，齊選杰被提前釋放。在許警官的幫助下，他找到了一份跟音樂有關的工作，能繼續發揮他的特長。現在他想通過自己的努力，開始新的生活。

第 20 課 老年背包客

借助生詞表，快速瀏覽課文後回答問題：張廣柱夫婦什麼時候開始環球之旅的？

2007 年春節，六十多歲的張廣柱夫婦來到雲南虎跳峽旅游。在酒店他們發現，同住的外國游客一句中文也不會説，居然來到這麼偏遠的地方，玩兒得這麼開心。夫婦倆非常羨慕，心想，世界那麼大，爲什麼不出國去看看呢？

于是，2008 年起，夫婦倆開始了環球之旅。每次出發前，他們都上網訂好酒店，查好景點信息，做好攻略，安排好日程。到現在爲止，他們用了一百八十八天，游覽了二十多個國家。他們白天在外邊游玩，晚上回到酒店，把一天的見聞和感想記録下來，然後發到網上。很多網友看到了他們的博客，開始關注這對老年背包客。

長途旅行中，兩位老人看到了更廣闊的世界，心態越來越年輕了，彼此之間的感情也越來越深了。如今，兩位老人想手牽着手，繼續享受背包客的快樂。

生词表 Vocabulary

简体 Simplified form	繁体 Complex form	拼音 Pinyin	词性 Word type	课号 Lesson
A				
爱不释手	愛不釋手	àibúshìshǒu		13
爱心	愛心	àixīn	n.	2
安家	安家	ān jiā	v.	2
安排	安排	ānpái	v.	8
安慰	安慰	ānwèi	v.	2
安心	安心	ānxīn	adj.	7
按时	按時	ànshí	adv.	8
暗淡无光	暗淡無光	àndàn-wúguāng		17
熬夜	熬夜	áo yè	v.	15
B				
巴掌	巴掌	bāzhang	n.	17
芭蕾舞	芭蕾舞	bāléiwǔ	n.	12
白茫茫	白茫茫	báimángmáng	adj.	14
办事	辦事	bàn shì	v.	16
包	包	bāo	v.	1
包裹	包裹	bāoguǒ	n.	20
宝石	寶石	bǎoshí	n.	14
保险	保險	bǎoxiǎn	n.	11
保研	保研	bǎo yán		10
报到	報到	bào dào	v.	14
报道	報道	bàodào	v.	18
报警	報警	bào jǐng	v.	19
报社	報社	bàoshè	n.	1
抱	抱	bào	v.	2
抱怨	抱怨	bàoyuàn	v.	11
背包客	背包客	bēibāokè	n.	20
悲凉	悲涼	bēiliáng	adj.	15
本来	本來	běnlái	adv.	16
彼此	彼此	bǐcǐ	pron.	19
边	邊	biān	n.	14
边疆	邊疆	biānjiāng	n.	14
编辑	編輯	biānji	n.	1
编排	編排	biānpái	v.	19
表示	表示	biǎoshì	v.	16
表现	表現	biǎoxiàn	v.	1
饼干	餅乾	bǐnggān	n.	12
并	并	bìng	adv.	16
博大精深	博大精深	bódà-jīngshēn		13
博客	博客	bókè	n.	20
不时	不時	bùshí	adv.	10
部门	部門	bùmén	n.	5
C				
才艺	才藝	cáiyì	n.	4
材料	材料	cáiliào	n.	4
采	采	cǎi	v.	10
踩	踩	cǎi	v.	2
参赛	參賽	cānsài	v.	18
参与	參與	cānyù	v.	8
仓鼠	倉鼠	cāngshǔ	n.	2
草地	草地	cǎodì	n.	2
测验	測驗	cèyàn	v.	20
曾经	曾經	céngjīng	adv.	1
差	差	chà	adj.	7
长途	長途	chángtú	adj.	20
肠胃	腸胃	chángwèi	n.	13
超级	超級	chāojí	adj.	18
炒	炒	chǎo	v.	1
炒	炒	chǎo	v.	11
车祸	車禍	chēhuò	n.	6
趁	趁	chèn	prep.	20
称号	稱號	chēnghào	n.	10
称赞	稱贊	chēngzàn	v.	2
成百上千	成百上千	chéngbǎi-shàngqiān		17
成就	成就	chéngjiù	v.	18
成立	成立	chénglì	v.	11
承担	承擔	chéngdān	v.	16
程度	程度	chéngdù	n.	18

简体 Simplified form	繁体 Complex form	拼音 *Pinyin*	词性 Word type	课号 Lesson
吃亏	吃虧	chī kuī	v.	13
宠物	寵物	chǒngwù	n.	2
绸缎	綢緞	chóuduàn	n.	14
筹备	籌備	chóubèi	v.	18
丑	醜	chǒu	adj.	9
出车	出車	chū chē	v.	12
出席	出席	chūxí	v.	17
出于	出于	chūyú	v.	9
除此以外	除此以外	chúcǐyǐwài		8
除夕	除夕	chúxī	n.	3
处理	處理	chǔlǐ	v.	5
穿着	穿着	chuānzhuó	n.	9
传播	傳播	chuánbō	v.	1
传单	傳單	chuándān	n.	10
传奇	傳奇	chuánqí	n.	18
创作	創作	chuàngzuò	n.	18
吹	吹	chuī	v.	6
春晚	春晚	chūnwǎn	n.	3
辞职	辭職	cí zhí	v.	14
匆忙	匆忙	cōngmáng	adj.	9
从此	從此	cóngcǐ	adv.	11
从而	從而	cóng'ér	conj.	13
从前	從前	cóngqián	n.	19
重生	重生	chóngshēng	v.	19
重新	重新	chóngxīn	adv.	11
村支书	村支書	cūnzhīshū	n.	3
D				
搭	搭	dā	v.	3
搭档	搭檔	dādàng	n.	7
达到	達到	dá dào	v.	15
打交道	打交道	dǎ jiāodao		16
打牌	打牌	dǎ pái		8
打喷嚏	打噴嚏	dǎ pēntì		19
大妈	大媽	dàmā	n.	1
待	待	dāi	v.	7
代	代	dài	n.	15
待遇	待遇	dàiyù	n.	3
耽搁	耽擱	dānge	v.	16
当地	當地	dāngdì	n.	1
当天	當天	dàngtiān	n.	16
导致	導致	dǎozhì	v.	14
道理	道理	dàolǐ	n.	15
得到	得到	dé dào	v.	4
得体	得體	détǐ	adj.	11
灯光	燈光	dēngguāng	n.	3
登	登	dēng	v.	4
的哥	的哥	dīgē	n.	12
的确	的確	díquè	adv.	15
地道	地道	dìdao	adj.	1
地方	地方	dìfāng	n.	8
地震	地震	dìzhèn	v.	7
颠簸	顛簸	diānbǒ	v.	10
点心	點心	diǎnxin	n.	12
钓	釣	diào	v.	4
跌	跌	diē	v.	17
跌跌撞撞	跌跌撞撞	diēdiēzhuàngzhuàng		14
定期	定期	dìngqī	adj.	11
丢	丢	diū	v.	20
动人	動人	dòngrén	adj.	5
动物	動物	dòngwù	n.	2
动物园	動物園	dòngwùyuán	n.	2
动作	動作	dòngzuò	n.	9
冻	凍	dòng	v.	6
队伍	隊伍	duìwu	n.	6
队友	隊友	duìyǒu	n.	11
对手	對手	duìshǒu	n.	11
E				
恶劣	惡劣	èliè	adj.	6

简体 Simplified form	繁体 Complex form	拼音 Pinyin	词性 Word type	课号 Lesson
而立之年	而立之年	érlìzhīnián		7
耳环	耳環	ěrhuán	n.	13
F				
发动机	發動機	fādòngjī	n.	5
发抖	發抖	fādǒu	v.	6
发挥	發揮	fāhuī	v.	18
发源地	發源地	fāyuándì	n.	15
发作	發作	fāzuò	v.	9
发型	髮型	fàxíng	n.	5
翻转	翻轉	fānzhuǎn	v.	10
繁忙	繁忙	fánmáng	adj.	5
繁荣	繁榮	fánróng	adj.	1
繁体字	繁體字	fántǐzì	n.	13
繁星	繁星	fánxīng	n.	14
反复	反復	fǎnfù	adv.	5
饭点儿	飯點兒	fàndiǎnr	n.	12
方案	方案	fāng'àn	n.	19
方言	方言	fāngyán	n.	8
房东	房東	fángdōng	n.	1
放学	放學	fàng xué	v.	6
飞	飛	fēi	v.	5
飞翔	飛翔	fēixiáng	v.	2
费用	費用	fèiyong	n.	1
分类	分類	fēn lèi	v.	10
分析	分析	fēnxī	v.	18
奋斗	奮鬥	fèndòu	v.	14
风格	風格	fēnggé	n.	9
风情	風情	fēngqíng	n.	3
风沙	風沙	fēngshā	n.	6
扶	扶	fú	v.	10
辅导	輔導	fǔdǎo	v.	10
付出	付出	fùchū	v.	17
负责	負責	fùzé	v.	19
附和	附和	fùhè	v.	10
副	副	fù	adj.	13
G				
改进	改進	gǎijìn	v.	5
改造	改造	gǎizào	v.	5
盖	蓋	gài	v.	7
干	乾	gān	adj.	17
干活儿	幹活兒	gànhuór	v.	15
赶	趕	gǎn	v.	18
感动	感動	gǎndòng	v.	3
感情	感情	gǎnqíng	n.	15
感想	感想	gǎnxiǎng	n.	20
感谢	感謝	gǎnxiè	v.	16
擀	擀	gǎn	v.	1
高速公路	高速公路	gāosù gōnglù		12
搞	搞	gǎo	v.	18
戈壁滩	戈壁灘	gēbìtān	n.	14
鸽子	鴿子	gēzi	n.	11
歌曲	歌曲	gēqǔ	n.	11
歌声	歌聲	gēshēng	n.	7
各种各样	各種各樣	gèzhǒng-gèyàng		2
根本	根本	gēnběn	adv.	16
更加	更加	gèngjiā	adv.	8
公布	公布	gōngbù	v.	9
公交车	公交車	gōngjiāochē	n.	10
公益	公益	gōngyì	n.	10
公寓	公寓	gōngyù	n.	15
功夫不负有心人	功夫不負有心人	gōngfu bú fù yǒuxīnrén		17
攻略	攻略	gōnglüè	n.	20
共同	共同	gòngtóng	adj.	8
沟通	溝通	gōutōng	v.	4
孤单	孤單	gūdān	adj.	11
孤独	孤獨	gūdú	adj.	17
古怪	古怪	gǔguài	adj.	9

简体 Simplified form	繁体 Complex form	拼音 Pinyin	词性 Word type	课号 Lesson
鼓励	鼓勵	gǔlì	v.	3
乖	乖	guāi	adj.	20
关心	關心	guānxīn	v.	2
关于	關于	guānyú	prep.	13
关注	關注	guānzhù	v.	20
观察	觀察	guānchá	v.	4
冠军	冠軍	guànjūn	n.	18
广	廣	guǎng	adj.	15
广场舞	廣場舞	guǎngchǎngwǔ	n.	11
广大	廣大	guǎngdà	adj.	8
广阔	廣闊	guǎngkuò	adj.	20
规律	規律	guīlǜ	n.	12
过期	過期	guò qī	v.	20
过于	過于	guòyú	adv.	7
H				
航空	航空	hángkōng	v.	5
合格	合格	hégé	adj.	15
合理	合理	hélǐ	adj.	14
喉咙	喉嚨	hóulóng	n.	17
后果	後果	hòuguǒ	n.	15
后继有人	後繼有人	hòujì-yǒurén		1
胡杨林	胡楊林	húyánglín	n.	3
蝴蝶	蝴蝶	húdié	n.	11
花儿	花兒	huā'ér	n.	15
花生	花生	huāshēng	n.	3
画笔	畫筆	huàbǐ	n.	10
环球	環球	huánqiú	v.	20
缓解	緩解	huǎnjiě	v.	19
慌张	慌張	huāngzhāng	adj.	7
晃	晃	huàng	v.	3
灰心	灰心	huī xīn	adj.	18
混血	混血	hùn xuè		2
活蹦乱跳	活蹦亂跳	huóbèng-luàntiào		2
伙伴	夥伴	huǒbàn	n.	11
J				
机身	機身	jīshēn	n.	5
及格	及格	jí gé	v.	15
吉他	吉他	jítā	n.	2
即将	即將	jíjiāng	adv.	10
即兴	即興	jíxìng	v.	3
集体	集體	jítǐ	n.	19
挤	擠	jǐ	v.	2
记录	記録	jìlù	v.	20
技术	技術	jìshù	n.	1
既然	既然	jìrán	conj.	3
寂寞	寂寞	jìmò	adj.	11
加入	加入	jiārù	v.	6
家具	傢具	jiājù	n.	15
家务	家務	jiāwù	n.	12
假装	假裝	jiǎzhuāng	v.	14
坚持	堅持	jiānchí	v.	6
坚定	堅定	jiāndìng	adj.	9
坚强	堅强	jiānqiáng	adj.	17
艰巨	艱巨	jiānjù	adj.	18
艰苦	艱苦	jiānkǔ	adj.	7
艰难	艱難	jiānnán	adj.	15
监狱	監獄	jiānyù	n.	19
减	減	jiǎn	v.	13
见闻	見聞	jiànwén	n.	20
将	將	jiāng	adv.	14
交	交	jiāo	v.	12
交往	交往	jiāowǎng	v.	17
交谊舞	交誼舞	jiāoyìwǔ	n.	11
脚步	脚步	jiǎobù	n.	14
教练	教練	jiàoliàn	n.	2
接触	接觸	jiēchù	v.	15
戒	戒	jiè	v.	16
金发碧眼	金髮碧眼	jīnfà-bìyǎn		8

简体 Simplified form	繁体 Complex form	拼音 Pinyin	词性 Word type	课号 Lesson
金黄	金黄	jīnhuáng	adj.	14
津津有味	津津有味	jīnjīn-yǒuwèi		1
尽管	儘管	jǐnguǎn	conj.	7
尽快	儘快	jǐnkuài	adv.	5
尽量	儘量	jǐnliàng	adv.	16
进行	進行	jìnxíng	v.	6
经费	經費	jīngfèi	n.	14
经过	經過	jīngguò	v.	2
精美	精美	jīngměi	adj.	13
精神	精神	jīngshén	n.	19
精神病院	精神病院	jīngshénbìngyuàn	n.	11
精心	精心	jīngxīn	adj.	10
景点	景點	jǐngdiǎn	n.	12
警官	警官	jǐngguān	n.	19
竞争	競爭	jìngzhēng	v.	17
酒店	酒店	jiǔdiàn	n.	20
救	救	jiù	v.	7
就职	就職	jiù zhí	v.	6
居然	居然	jūrán	adv.	20
居住	居住	jūzhù	v.	6
距离	距離	jùlí	n.	7
聚	聚	jù	v.	3
捐	捐	juān	v.	10
捐款	捐款	juān kuǎn	v.	4
决心	決心	juéxīn	v./n.	9
绝活儿	絕活兒	juéhuór	n.	1
爵士舞	爵士舞	juéshìwǔ	n.	9
K				
开发	開發	kāifā	v.	19
开朗	開朗	kāilǎng	adj.	19
开幕式	開幕式	kāimùshì	n.	12
可怜	可憐	kělián	adj.	2
克服	克服	kèfú	v.	11
刻苦	刻苦	kèkǔ	adj.	9
空姐	空姐	kōngjiě	n.	5
口型	口型	kǒuxíng	n.	17
夸张	誇張	kuāzhāng	adj.	9
款	款	kuǎn	m.	18
狂风	狂風	kuángfēng	n.	6
困扰	困擾	kùnrǎo	v.	7
L				
拉面	拉面	lā miàn		15
啦啦操	啦啦操	lālācāo	n.	10
啦啦队	啦啦隊	lālāduì	n.	10
来不及	來不及	láibují	v.	12
朗读	朗讀	lǎngdú	v.	10
牢房	牢房	láofáng	n.	7
老百姓	老百姓	lǎobǎixìng	n.	4
老伴儿	老伴兒	lǎobànr	n.	11
老家	老家	lǎojiā	n.	7
乐在其中	樂在其中	lèzàiqízhōng		12
离婚	離婚	lí hūn	v.	17
礼拜天	禮拜天	lǐbàitiān	n.	8
俚语	俚語	lǐyǔ	n.	8
立即	立即	lìjí	adv.	9
利润	利潤	lìrùn	n.	17
利益	利益	lìyì	n.	9
利用	利用	lìyòng	v.	12
俩	倆	liǎ	num.-cl.	12
连忙	連忙	liánmáng	adv.	16
连锁店	連鎖店	liánsuǒdiàn	n.	1
连续	連續	liánxù	v.	10
联欢会	聯歡會	liánhuānhuì	n.	19
了不起	了不起	liǎobuqǐ	adj.	11
临	臨	lín	prep.	16
临时	臨時	línshí	adv.	16
零件	零件	língjiàn	n.	19
领导	領導	lǐngdǎo	v.	11

简体 Simplified form	繁体 Complex form	拼音 Pinyin	词性 Word type	课号 Lesson
流浪	流浪	liúlàng	v.	2
流星雨	流星雨	liúxīngyǔ	n.	14
留下	留下	liúxià		19
聋哑人	聾啞人	lóngyǎrén	n.	4
楼顶	樓頂	lóudǐng	n.	11
漏	漏	lòu	v.	6
录取	錄取	lùqǔ	v.	2
路过	路過	lùguò	v.	16
M				
满	滿	mǎn	adj.	2
满头大汗	滿頭大汗	mǎntóu-dàhàn		8
满足	滿足	mǎnzú	v.	1
漫天	漫天	màntiān	v.	6
毛病	毛病	máobìng	n.	11
冒险	冒險	mào xiǎn	v.	13
眉毛	眉毛	méimao	n.	9
媒体	媒體	méitǐ	n.	13
美发师	美髮師	měifàshī	n.	2
美好	美好	měihǎo	adj.	7
美味可口	美味可口	měiwèi-kěkǒu		1
勉强	勉強	miǎnqiǎng	adj.	15
面对	面對	miànduì	v.	7
民歌	民歌	míngē	n.	3
名人	名人	míngrén	n.	1
名胜古迹	名勝古迹	míngshèng-gǔjì		4
明星	明星	míngxīng	n.	11
冥思苦想	冥思苦想	míngsī-kǔxiǎng		7
摸	摸	mō	v.	17
模仿	模仿	mófǎng	v.	17
目的	目的	mùdì	n.	9
目前	目前	mùqián	n.	8
N				
内疚	內疚	nèijiù	adj.	7
内心	內心	nèixīn	n.	9
耐心	耐心	nàixīn	adj.	9
难得	難得	nándé	adj.	15
脑袋	腦袋	nǎodai	n.	10
能歌善舞	能歌善舞	nénggē-shànwǔ		3
年纪	年紀	niánjì	n.	7
浓	濃	nóng	adj.	9
P				
拍摄	拍攝	pāishè	v.	10
拍戏	拍戲	pāi xì	v.	11
排练	排練	páiliàn	v.	11
派	派	pài	v.	10
派出所	派出所	pàichūsuǒ	n.	16
抛接	拋接	pāo jiē		10
陪伴	陪伴	péibàn	v.	2
培训	培訓	péixùn	v.	19
赔偿金	賠償金	péichángjīn	n.	6
佩服	佩服	pèifú	v.	13
碰	碰	pèng	v.	12
批	批	pī	m.	6
批	批	pī	m.	1
皮	皮	pí	n.	1
皮肤	皮膚	pífū	n.	8
偏远	偏遠	piānyuǎn	adj.	10
拼装	拼裝	pīnzhuāng	v.	5
贫困	貧困	pínkùn	adj.	10
频频	頻頻	pínpín	adv.	9
平安	平安	píng'ān	adj.	13
平凡	平凡	píngfán	adj.	12
平衡	平衡	pínghéng	v.	12
平静	平靜	píngjìng	adj.	19
凭	憑	píng	prep.	19
婆婆	婆婆	pópo	n.	7
铺	鋪	pū	v.	14
普通	普通	pǔtōng	adj.	4

简体 Simplified form	繁体 Complex form	拼音 *Pinyin*	词性 Word type	课号 Lesson
Q				
期	期	qī	m.	4
企业家	企業家	qǐyèjiā	n.	4
牵手	牽手	qiān shǒu	v.	20
前桥	前橋	qiánqiáo	n.	7
前途	前途	qiántú	n.	4
抢劫	搶劫	qiǎngjié	v.	19
亲切	親切	qīnqiè	adj.	6
亲自	親自	qīnzì	adv.	1
寝室	寢室	qǐnshì	n.	18
清晨	清晨	qīngchén	n.	12
情节	情節	qíngjié	n.	10
情景	情景	qíngjǐng	n.	3
情侣	情侶	qínglǚ	n.	7
庆祝	慶祝	qìngzhù	v.	3
球迷	球迷	qiúmí	n.	1
趋势	趨勢	qūshì	n.	15
全部	全部	quánbù	n.	17
全职	全職	quánzhí	adj.	5
拳击	拳擊	quánjī	n.	2
劝	勸	quàn	v.	7
群	群	qún	m.	10
R				
然后	然後	ránhòu	conj.	10
绕口令	繞口令	ràokǒulìng	n.	8
惹	惹	rě	v.	11
热心	熱心	rèxīn	adj.	10
人生地不熟	人生地不熟	rén shēng dì bù shú		16
任何	任何	rènhé	pron.	17
仍然	仍然	réngrán	adv.	6
日程	日程	rìchéng	n.	20
日子	日子	rìzi	n.	15
如何	如何	rúhé	pron.	7
如今	如今	rújīn	n.	6
如愿以偿	如願以償	rúyuàn-yǐcháng		3
S				
赛场	賽場	sàichǎng	n.	18
沙丘	沙丘	shāqiū	n.	6
沙滩	沙灘	shātān	n.	12
山村	山村	shāncūn	n.	10
闪	閃	shǎn	v.	14
善良	善良	shànliáng	adj.	2
上菜	上菜	shàng cài		15
少年	少年	shàonián	n.	15
设备	設備	shèbèi	n.	14
设备	設備	shèbèi	n.	18
社区	社區	shèqū	n.	10
摄影师	攝影師	shèyǐngshī	n.	14
深刻	深刻	shēnkè	adj.	19
深夜	深夜	shēnyè	n.	16
声带	聲帶	shēngdài	n.	17
失去	失去	shīqù	v.	15
失误	失誤	shīwù	n.	5
十字绣	十字綉	shízìxiù	n.	13
识字	識字	shí zì	v.	10
食物	食物	shíwù	n.	20
市场	市場	shìchǎng	n.	12
是否	是否	shìfǒu	adv.	4
适应	適應	shìyìng	v.	18
适应性	適應性	shìyìngxìng	n.	18
收留	收留	shōuliú	v.	14
手	手	shǒu	m.	1
手语	手語	shǒuyǔ	n.	4
兽医	獸醫	shòuyī	n.	2
书房	書房	shūfáng	n.	13
书架	書架	shūjià	n.	13
叔叔	叔叔	shūshu	n.	16

简体 Simplified form	繁体 Complex form	拼音 *Pinyin*	词性 Word type	课号 Lesson
舒适	舒適	shūshì	adj.	6
熟	熟	shú	adj.	8
熟练	熟練	shúliàn	adj.	13
树苗	樹苗	shùmiáo	n.	6
水泥板	水泥板	shuǐníbǎn	n.	11
顺其自然	順其自然	shùnqízìrán		7
思考	思考	sīkǎo	v.	5
死亡	死亡	sǐwáng	v.	6
似的	似的	shìde	part.	14
宿舍	宿舍	sùshè	n.	16
随身	隨身	suíshēn	adj.	13
随时	隨時	suíshí	adv.	18
T				
他乡	他鄉	tāxiāng	n.	7
踏实	踏實	tāshi	adj.	9
探险	探險	tàn xiǎn	v.	8
汤	湯	tāng	n.	9
淘气	淘氣	táo qì	adj.	20
讨论	討論	tǎolùn	v.	2
讨厌	討厭	tǎo yàn	v.	6
特色	特色	tèsè	n.	8
腾	騰	téng	v.	16
提前	提前	tíqián	v.	9
体操	體操	tǐcāo	n.	18
体会	體會	tǐhuì	n./v.	10
替补	替補	tìbǔ	n.	18
天鹅绒	天鵝絨	tiān'éróng	n.	14
天空	天空	tiānkōng	n.	2
天真	天真	tiānzhēn	adj.	17
田间	田間	tiánjiān	n.	3
挑选	挑選	tiāoxuǎn	v.	10
条件	條件	tiáojiàn	n.	14
调整	調整	tiáozhěng	v.	5
通	通	tōng	v.	13
通常	通常	tōngcháng	adv.	12
通宵	通宵	tōngxiāo	n.	10
同	同	tóng	adv.	20
同时	同時	tóngshí	conj.	18
投票	投票	tóu piào	v.	4
投入	投入	tóurù	v.	3
投资	投資	tóu zī	v.	17
突出	突出	tūchū	adj.	19
徒弟	徒弟	túdì	n.	1
土豆	土豆	tǔdòu	n.	12
兔子	兔子	tùzi	n.	2
团队	團隊	tuánduì	n.	11
团体	團體	tuántǐ	n.	18
团长	團長	tuánzhǎng	n.	11
推广	推廣	tuīguǎng	v.	4
退休	退休	tuì xiū	v.	6
W				
外公	外公	wàigōng	n.	13
外国	外國	wàiguó	n.	8
完美	完美	wánměi	adj.	14
完善	完善	wánshàn	v.	4
玩具	玩具	wánjù	n.	13
网友	網友	wǎngyǒu	n.	20
往往	往往	wǎngwǎng	adv.	17
危险	危險	wēixiǎn	n.	9
微电影	微電影	wēi diànyǐng		9
为止	為止	wéizhǐ	v.	8
围巾	圍巾	wéijīn	n.	20
维持	維持	wéichí	v.	15
维修	維修	wéixiū	v.	18
伟大	偉大	wěidà	adj.	17
未来	未來	wèilái	n.	19
胃口	胃口	wèikǒu	n.	20
喂养	喂養	wèiyǎng	v.	2

简体 Simplified form	繁体 Complex form	拼音 Pinyin	词性 Word type	课号 Lesson
文艺	文藝	wényì	n.	19
文字	文字	wénzì	n.	13
稳定	穩定	wěndìng	adj.	3
乌龟	烏龜	wūguī	n.	2
无论	無論	wúlùn	conj.	3
无声	無聲	wúshēng	v.	17
无所谓	無所謂	wúsuǒwèi	v.	16
武术	武術	wǔshù	n.	17
舞蹈	舞蹈	wǔdǎo	n.	3
舞台	舞臺	wǔtái	n.	3
舞姿	舞姿	wǔzī	n.	5
误会	誤會	wùhuì	n.	6
X				
吸引	吸引	xīyǐn	v.	3
媳妇	媳婦	xífù	n.	7
喜爱	喜愛	xǐ'ài	v.	8
喜极而泣	喜極而泣	xǐjí'érqì		17
夏令营	夏令營	xiàlìngyíng	n.	16
现场	現場	xiànchǎng	n.	4
羡慕	羡慕	xiànmù	v.	2
乡间	鄉間	xiāngjiān	n.	7
相关	相關	xiāngguān	v.	17
相信	相信	xiāngxìn	v.	3
享受	享受	xiǎngshòu	v.	1
向	向	xiàng	prep.	4
象征	象徵	xiàngzhēng	n.	1
像	像	xiàng	v.	8
小区	小區	xiǎoqū	n.	11
小型	小型	xiǎoxíng	adj.	5
孝顺	孝順	xiàoshùn	v.	9
效果	效果	xiàoguǒ	n.	1
校园	校園	xiàoyuán	n.	10
笑星	笑星	xiàoxīng	n.	8
心烦	心煩	xīnfán	adj.	17
心理	心理	xīnlǐ	n.	16
心理素质	心理素質	xīnlǐ sùzhì		18
心生向往	心生嚮往	xīnshēng-xiàngwǎng		13
心疼	心疼	xīnténg	v.	9
心脏病	心臟病	xīnzàngbìng	n.	9
欣赏	欣賞	xīnshǎng	v.	3
信心	信心	xìnxīn	n.	6
星星	星星	xīngxing	n.	2
行程	行程	xíngchéng	n.	9
形式	形式	xíngshì	n.	15
形态各异	形態各異	xíngtài-gèyì		13
兴致勃勃	興致勃勃	xìngzhì-bóbó		3
性能	性能	xìngnéng	n.	5
修改	修改	xiūgǎi	v.	17
秀	秀	xiù		4
宣传	宣傳	xuānchuán	v.	4
学生会	學生會	xuéshēnghuì	n.	13
学院	學院	xuéyuàn	n.	3
询问	詢問	xúnwèn	v.	12
训练	訓練	xùnliàn	v.	5
Y				
压	壓	yā	v.	11
严	嚴	yán	adj.	8
严格	嚴格	yángé	adj.	18
演员	演員	yǎnyuán	n.	7
演奏	演奏	yǎnzòu	v.	4
洋人	洋人	yángrén	n.	8
仰望	仰望	yǎngwàng	v.	14
养成	養成	yǎngchéng		5
养老院	養老院	yǎnglǎoyuàn	n.	11
要求	要求	yāoqiú	v./n.	8
摇	摇	yáo	v.	9
药物	藥物	yàowù	n.	5
要紧	要緊	yàojǐn	adj.	13

简体 Simplified form	繁体 Complex form	拼音 Pinyin	词性 Word type	课号 Lesson
野生	野生	yěshēng	adj.	8
业务	業務	yèwù	n.	19
业余	業餘	yèyú	adj.	12
依赖	依賴	yīlài	v.	7
依然	依然	yīrán	adv.	13
一路	一路	yílù	adv.	18
一切	一切	yíqiè	pron.	7
一望无际	一望無際	yíwàng-wújì		14
一再	一再	yízài	adv.	20
一致	一致	yízhì	adv.	3
遗产	遺産	yíchǎn	n.	15
以	以	yǐ	conj.	9
以便	以便	yǐbiàn	conj.	4
以及	以及	yǐjí	conj.	15
一连	一連	yìlián	adv.	19
一门心思	一門心思	yìmén-xīnsi		15
义务	義務	yìwù	adj.	6
毅力	毅力	yìlì	n.	6
因而	因而	yīn'ér	conj.	13
因素	因素	yīnsù	n.	8
英俊	英俊	yīngjùn	adj.	9
永久	永久	yǒngjiǔ	adj.	6
勇气	勇氣	yǒngqì	n.	5
优美	優美	yōuměi	adj.	7
由衷	由衷	yóuzhōng	v.	5
游客	游客	yóukè	n.	1
游览	游覽	yóulǎn	v.	20
游玩	游玩	yóuwán	v.	20
于	于	yú	prep.	1
娱乐	娱樂	yúlè	n.	11
狱友	獄友	yùyǒu	n.	19
预赛	預賽	yùsài	n.	18
原生态	原生態	yuánshēngtài	n.	15
乐队	樂隊	yuèduì	n.	19
乐器	樂器	yuèqì	n.	4
Z				
杂技	雜技	zájì	n.	7
杂技团	雜技團	zájìtuán	n.	7
再次	再次	zàicì	adv.	9
再三	再三	zàisān	adv.	7
在……看来	在……看來	zài…kànlái		13
在乎	在乎	zàihu	v.	7
赞不绝口	贊不絶口	zànbùjuékǒu		1
赞成	贊成	zànchéng	v.	3
赞美	贊美	zànměi	v.	9
责备	責備	zébèi	v.	16
责任	責任	zérèn	n.	16
展现	展現	zhǎnxiàn	v.	4
绽放	綻放	zhànfàng	v.	15
湛蓝	湛藍	zhànlán	adj.	14
招	招	zhāo	v.	1
照常	照常	zhàocháng	adv.	18
哲学	哲學	zhéxué	n.	13
珍贵	珍貴	zhēnguì	adj.	15
阵	陣	zhèn	m.	6
镇	鎮	zhèn	n.	13
震动	震動	zhèndòng	v.	17
争论	争論	zhēnglùn	v.	15
睁	睁	zhēng	v.	14
整个	整個	zhěnggè	adj.	8
正	正	zhèng	adj.	13
正确	正確	zhèngquè	adj.	3
证据	證據	zhèngjù	n.	16
支持	支持	zhīchí	v.	4
蜘蛛	蜘蛛	zhīzhū	n.	2
直	直	zhí	adv.	15
值班	值班	zhí bān	v.	16

简体 Simplified form	繁体 Complex form	拼音 *Pinyin*	词性 Word type	课号 Lesson
值得	值得	zhí dé	v.	17
指导	指導	zhǐdǎo	v.	2
志愿者	志願者	zhìyuànzhě	n.	6
制度	制度	zhìdù	n.	4
制作	製作	zhìzuò	v.	5
治疗	治療	zhìliáo	v.	1
质量	質量	zhìliàng	n.	8
终点	終點	zhōngdiǎn	n.	11
钟情	鍾情	zhōngqíng	v.	13
中毒	中毒	zhòng dú	v.	5
种	種	zhòng	v.	6
主动	主動	zhǔdòng	adj.	12
主任	主任	zhǔrèn	n.	16
主题	主題	zhǔtí	n.	18
主席	主席	zhǔxí	n.	13
主要	主要	zhǔyào	adj.	13
住宿	住宿	zhùsù	v.	14
驻场	駐場	zhù chǎng		19
专心	專心	zhuānxīn	adj.	9
装饰	裝飾	zhuāngshì	v.	14
装修	裝修	zhuāngxiū	v.	18
追梦	追夢	zhuī mèng		4
琢磨	琢磨	zuómo	v.	5
资金	資金	zījīn	n.	6
自豪	自豪	zìháo	adj.	5
自生自灭	自生自滅	zìshēng-zìmiè		15
自食其力	自食其力	zìshí-qílì		7
自弹自唱	自彈自唱	zìtán-zìchàng		7
自学	自學	zìxué	v.	17
自由	自由	zìyóu	adj.	5
自愿	自願	zìyuàn	v.	8
总裁	總裁	zǒngcái	n.	18
总理	總理	zǒnglǐ	n.	1
总统	總統	zǒngtǒng	n.	6
走访	走訪	zǒufǎng	v.	10
阻止	阻止	zǔzhǐ	v.	19
组织	組織	zǔzhī	v.	19
组装	組裝	zǔzhuāng	n.	5
嘴型	嘴型	zuǐxíng	n.	17
醉	醉	zuì	v.	14
作为	作爲	zuòwéi	prep.	12

简体 Simplified form	繁体 Complex form	拼音 *Pinyin*	课号 Lesson
B			
北京语言大学	北京語言大學	Běijīng Yǔyán Dàxué	13
C			
成都	成都	Chéngdū	4
重庆	重慶	Chóngqìng	14
E			
俄罗斯	俄羅斯	Éluósī	13
G			
广州	廣州	Guǎngzhōu	7
H			
禾木	禾木	Hémù	14
虎跳峡	虎跳峽	Hǔtiào Xiá	20
N			
内蒙古	内蒙古	Nèiměnggǔ	6
R			
忍者神龟	忍者神龜	Rěnzhě Shénguī	2
S			
深圳	深圳	Shēnzhèn	16
T			
塔敏查干沙漠	塔敏查乾沙漠	Tǎmǐnchágān Shāmò	6
土家族	土家族	Tǔjiāzú	3
X			
西北大学	西北大學	Xīběi Dàxué	10
新疆	新疆	Xīnjiāng	14
新西兰	新西蘭	Xīnxīlán	1
Y			
云南	雲南	Yúnnán	20
Z			
张家界	張家界	Zhāngjiājiè	3
浙江	浙江	Zhèjiāng	4

图书在版编目（CIP）数据

新概念汉语课本．5 / 崔永华主编．-- 北京 ：北京语言大学出版社，2017.12
ISBN 978-7-5619-5065-4

Ⅰ.①新…　Ⅱ.①崔…　Ⅲ.①汉语－对外汉语教学－教材　Ⅳ.① H195.4

中国版本图书馆 CIP 数据核字（2017）第 270298 号

新概念汉语　课本 5

XIN GAINIAN HANYU KEBEN 5

责任编辑：张维嘉
英文编辑：何　洁
艺术总监：张　静
装帧设计：[美] Mila Ryk
排版制作：北京创艺涵文化发展有限公司
责任印制：周　燚

出版发行：北京语言大学出版社
社　　址：北京市海淀区学院路 15 号，100083
网　　址：www.blcup.com
电子信箱：service@blcup.com
电　　话：编辑部　8610-82303647/3592/3395
国内发行　8610-82303650/3591/3648
海外发行　8610-82303365/3080/3668
北语书店　8610-82303653
网购咨询　8610-82303908
印　　刷：北京中科印刷有限公司

版　　次：2017 年 12 月第 1 版　　印　　次：2017 年 12 月第 1 次印刷
开　　本：889 毫米 × 1194 毫米　1/16　　印　　张：7.25
字　　数：157 千字
07800

PRINTED IN CHINA